Kunstgewerbemuseum
im Schloss Köpenick

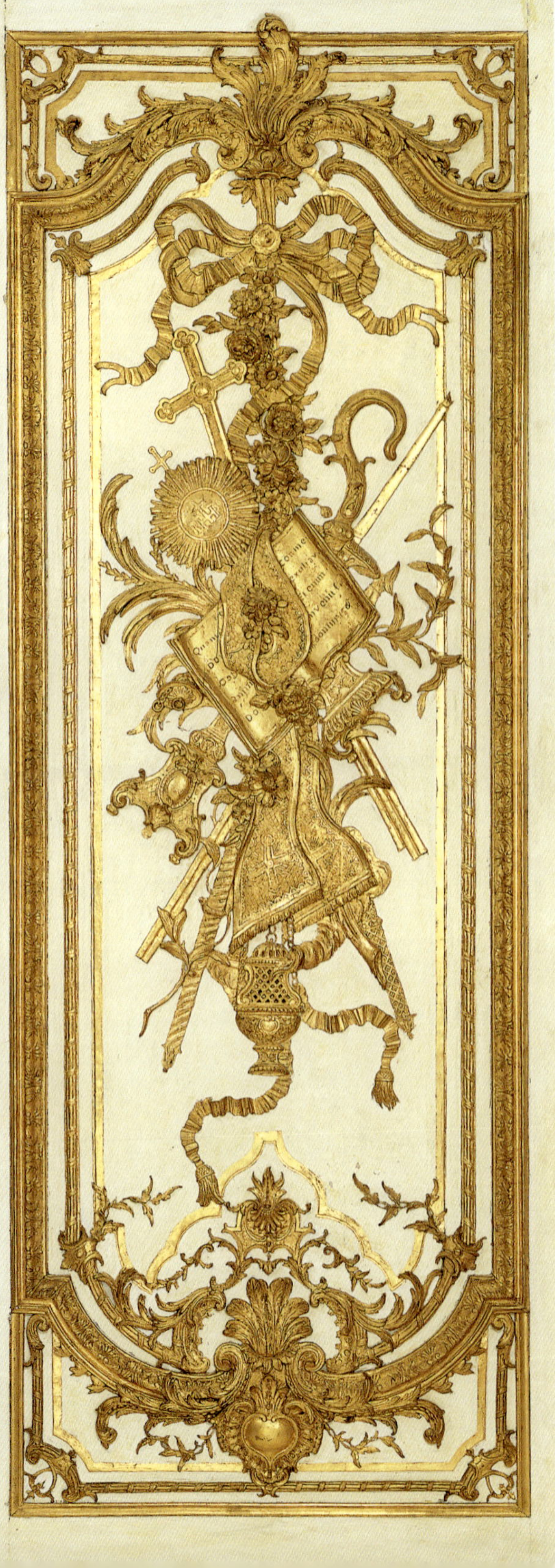

Wandpaneel
Paris, um 1730
(S. 91)

Prestel-Museumsführer

Kunstgewerbemuseum im Schloss Köpenick

Werke der Raumkunst aus Renaissance, Barock und Rokoko

Herausgegeben von
Angela Schönberger und
Lothar Lambacher

Prestel

München · Berlin · London · New York

2. Auflage 2007

1. Auflage 2004

Fotos: Fotostudio Bartsch
außer: Umschlagrückseite und S. 74 (Pierre Abboud); S. 86 (Gerhard Kilian); S. 76 (Katharina Kühnl); Umschlagvorderseite und S. 6/7, 12, 20, 21, 22, 41, 65, 77 oben, 106 oben (Saturia Linke); S. 29 (Gerhard Murza); S. 8/9, 10/11, 13 unten, 14/15, 16, 73 (Florian Profitlich); S. 100 (Arne Psille); S. 13 oben, 17, 18, 19 (Archiv Kunstgewerbemuseum); S. 52/53 (Stiftung Preußische Schlösser und Gärten Berlin-Brandenburg, Plankammer)

Redaktion: Lothar Lambacher

Umschlagvorderseite: Schloss Köpenick, 1677–1690
Umschlagrückseite: Handfass vom Großen Silberbuffet, vor 1698 (S. 74)

Prestel-Verlag
Königinstr. 9
D-80539 München
Telefon: +49(0)89/38 17 09 - 0
Telefax: +49(0)89/38 17 09 - 35
www.prestel.de

Die Deutsche Bibliothek verzeichnet diese Publikation in der Deutschen Nationalbiographie; detaillierte bibliografische Daten sind im Internet über http://dnb.ddb.de abrufbar.

Lektorat: alpha & bet Verlagsservice, München
Gestaltung, Typografie und Herstellung: Maja Kluy, Berlin und München
Lithos: LVD GmbH, Berlin
Druck und Bindung: Passavia Druckerei GmbH, Passau

Gedruckt in Deutschland auf chlorfrei gebleichtem Papier
ISBN 978-3-7913-3137-9
(deutsche Ausgabe)

S M
B Staatliche Museen zu Berlin

Kunstgewerbemuseum
Dependance Schloss Köpenick
Schlossinsel
D-12557 Berlin

Postanschrift
Kunstgewerbemuseum
Staatliche Museen zu Berlin
Tiergartenstraße 6
D-10785 Berlin

Informationen
Telefon: +49(0)30/266 29 02
Telefax: +49(0)30/266 29 47
E-Mail: kgm@smb.spk-berlin.de
www.smb.museum/kgm

Öffnungszeiten
Dienstag bis Sonntag 10 – 18 Uhr

Führungen für Gruppen
Anmeldung über Besucher-Dienste
Telefon: +49(0)30/2 66 36 66
Telefax: +49(0)30/2 66 36 70
E-Mail: fuehrungen@smb.spk-berlin.de

Verkehrsverbindungen
S-Bahn bis Spindlersfeld; dann Tram 60, 61, Bus 167 bis Schlossplatz oder 15 Min. Fußweg
S-Bahn bis Köpenick; dann Tram 62, 68, Bus 164 bis Schlossplatz
S-Bahn bis Schöneweide; dann Tram 67, Bus 167 bis Schlossplatz

Gastronomie
Schlosscafé Köpenick
Café und Restaurant im Wirtschaftsgebäude
Telefon: +49(0)30/65 01 85 85
www.schlosscafe-koepenick.de

Förderverein
Julius-Lessing-Gesellschaft
Verein der Freunde des Kunstgewerbemuseums e.V.
c/o Kunstgewerbemuseum
Tiergartenstraße 6
D-10785 Berlin

Inhalt

Nachfolgende Doppelseiten:

Schloss Köpenick, 1677–1690, Westfassade

Schloss Köpenick, Ostfassade

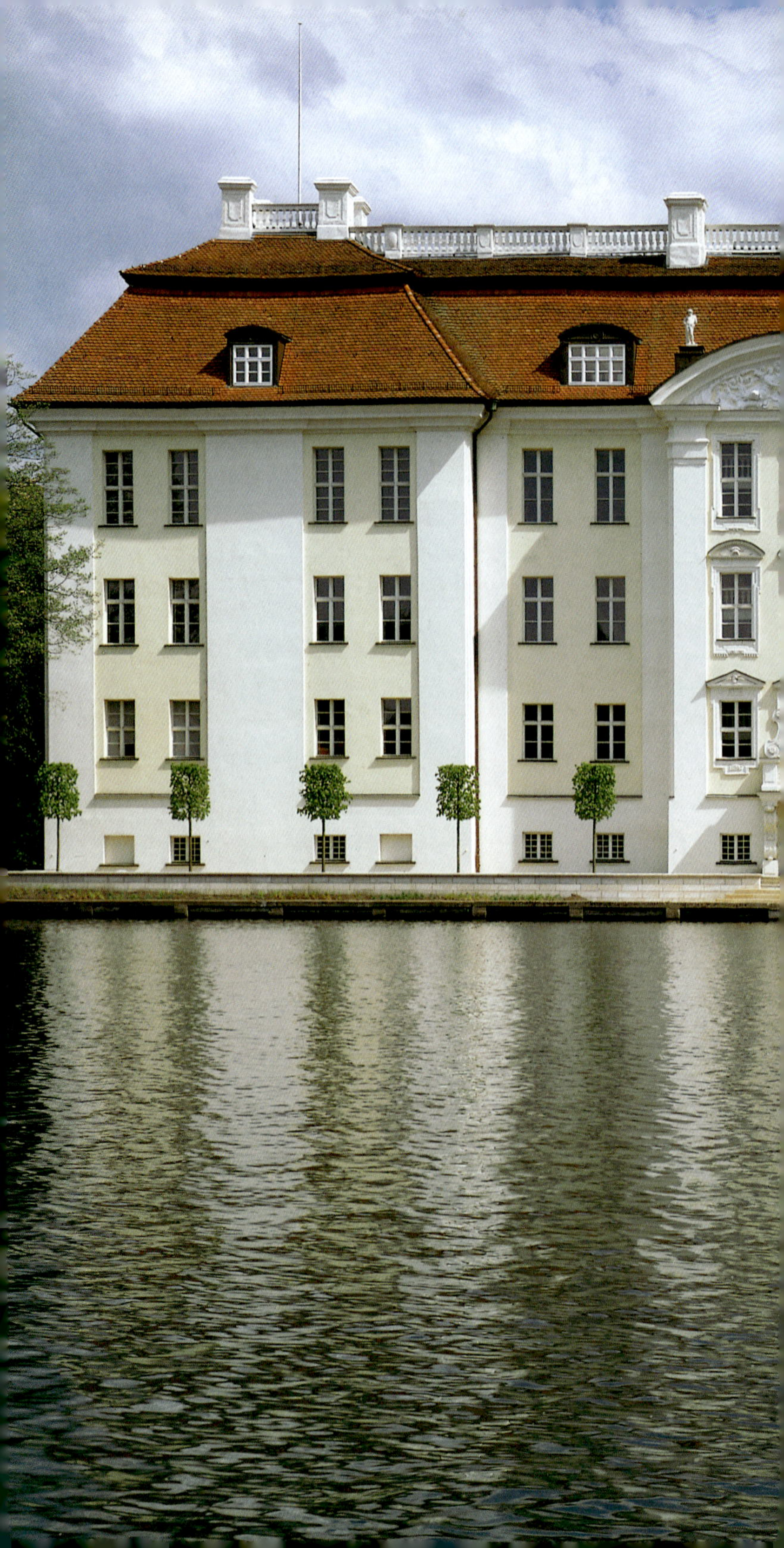

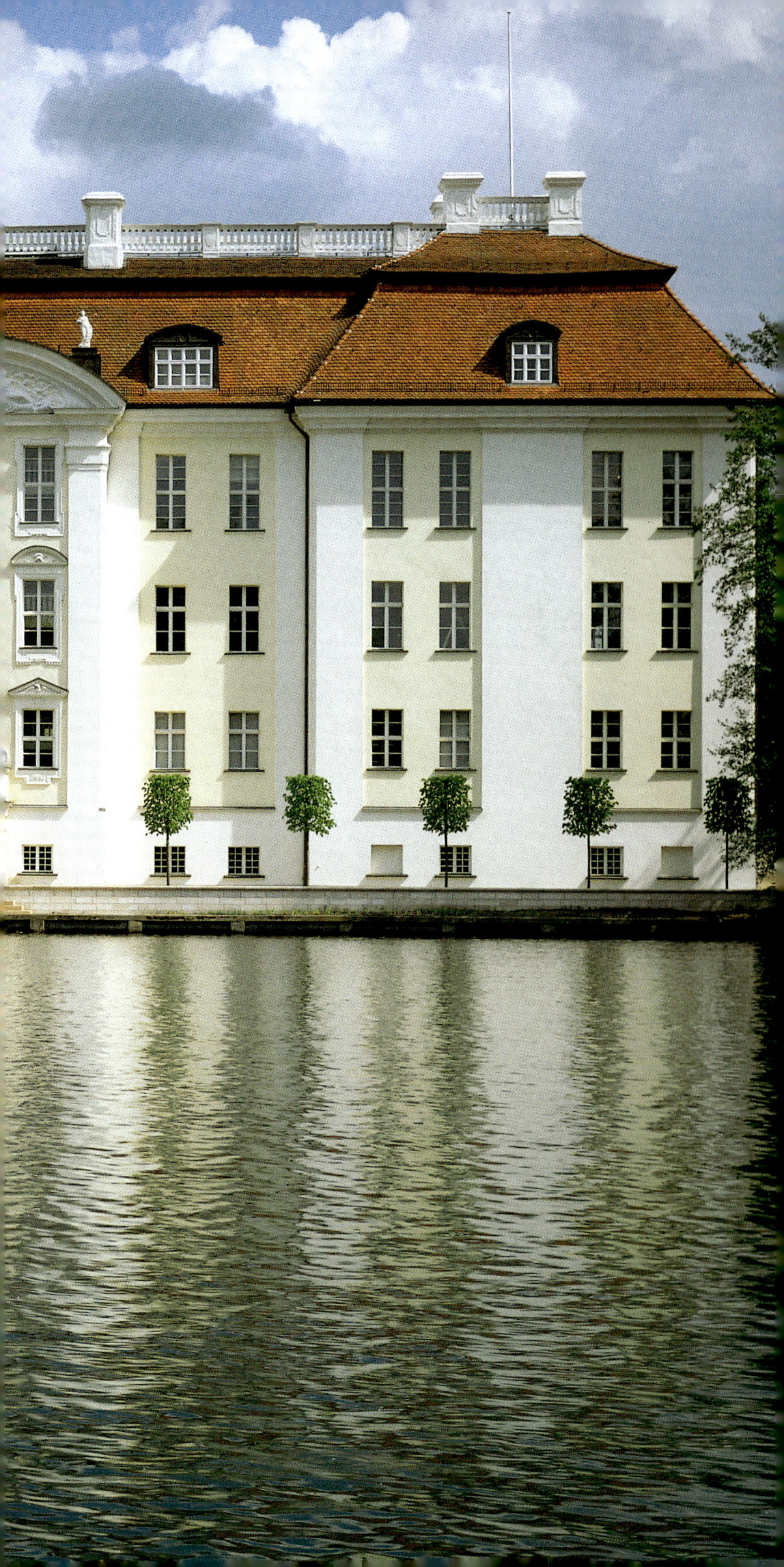

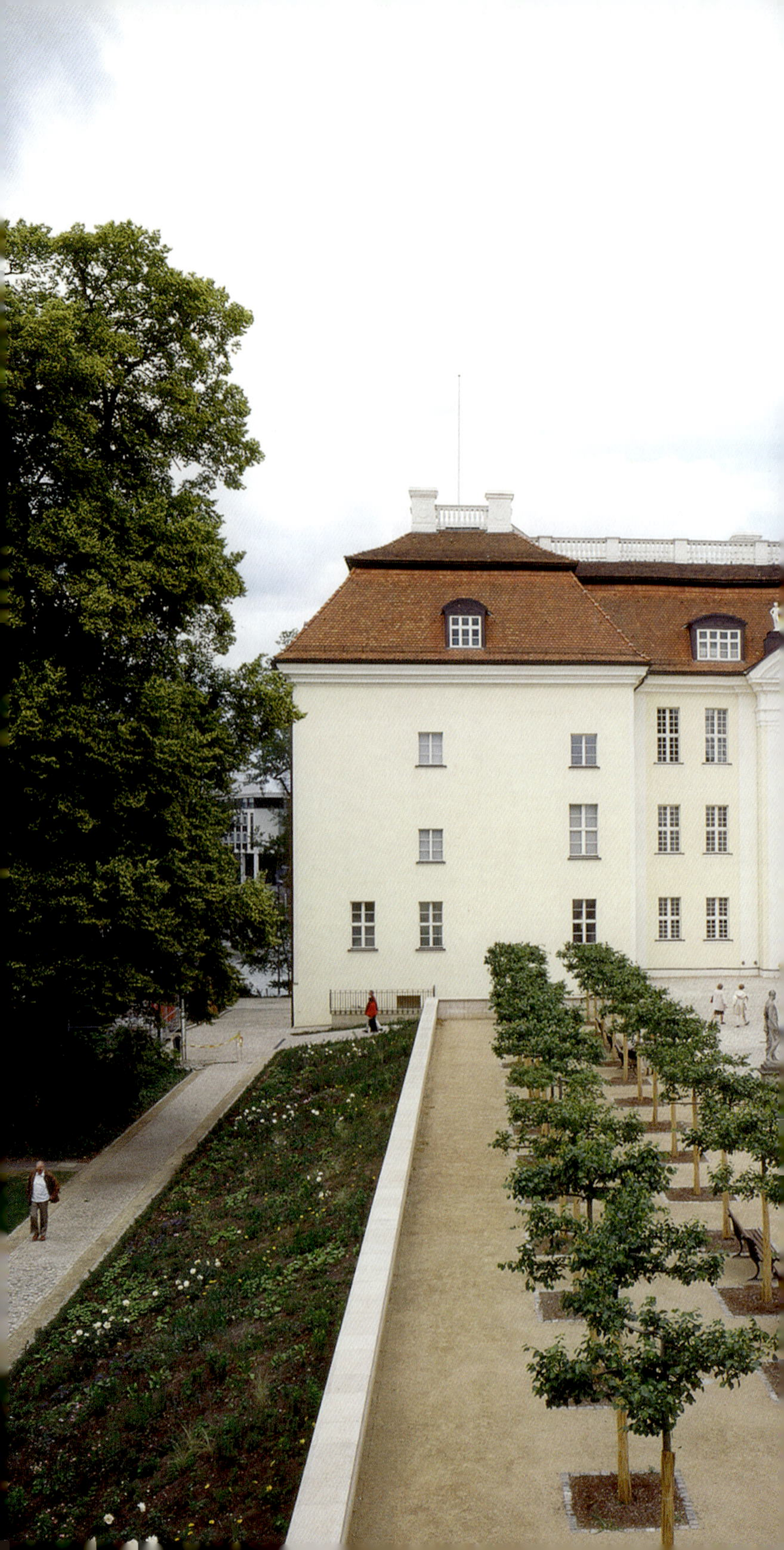

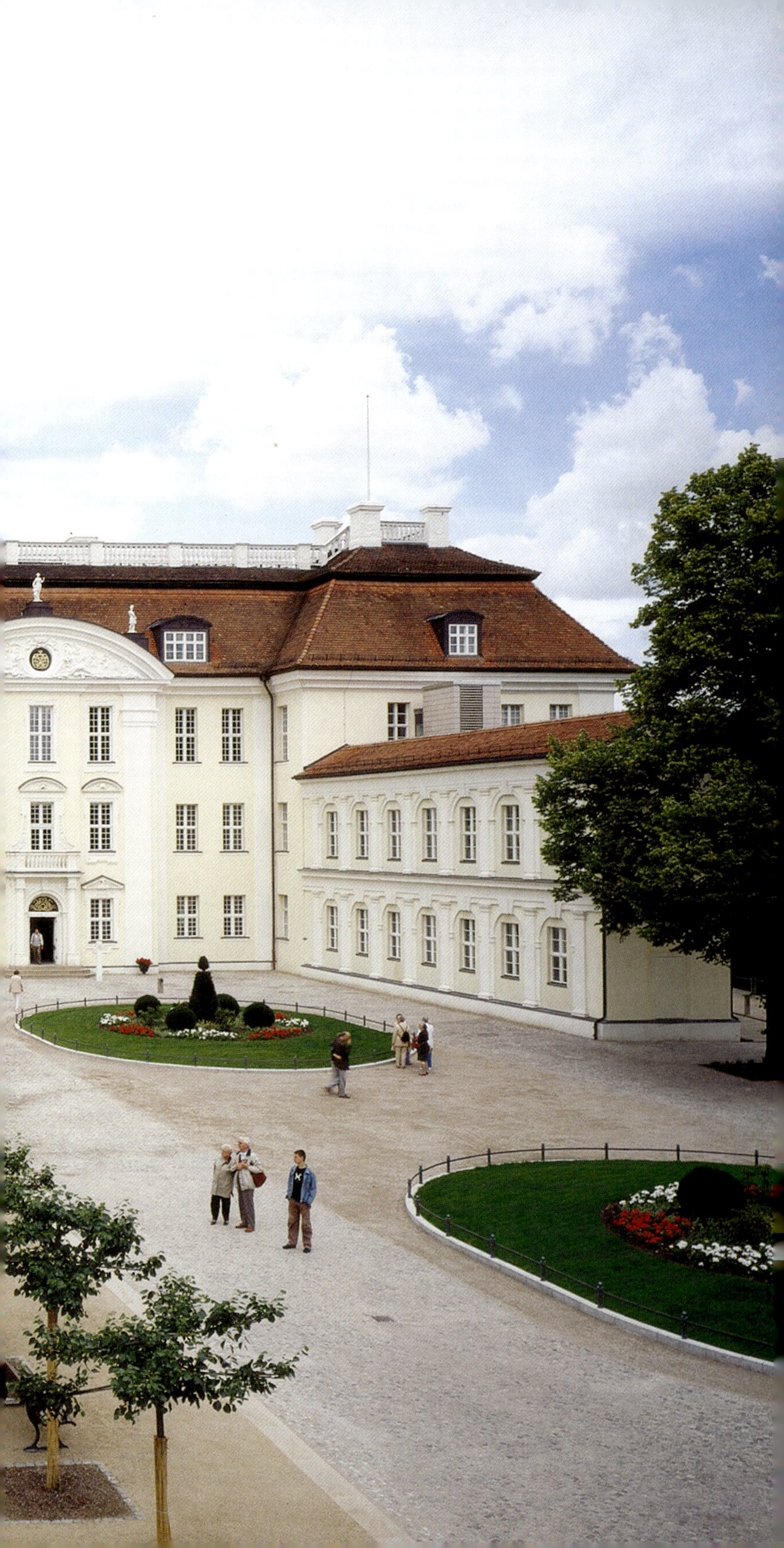

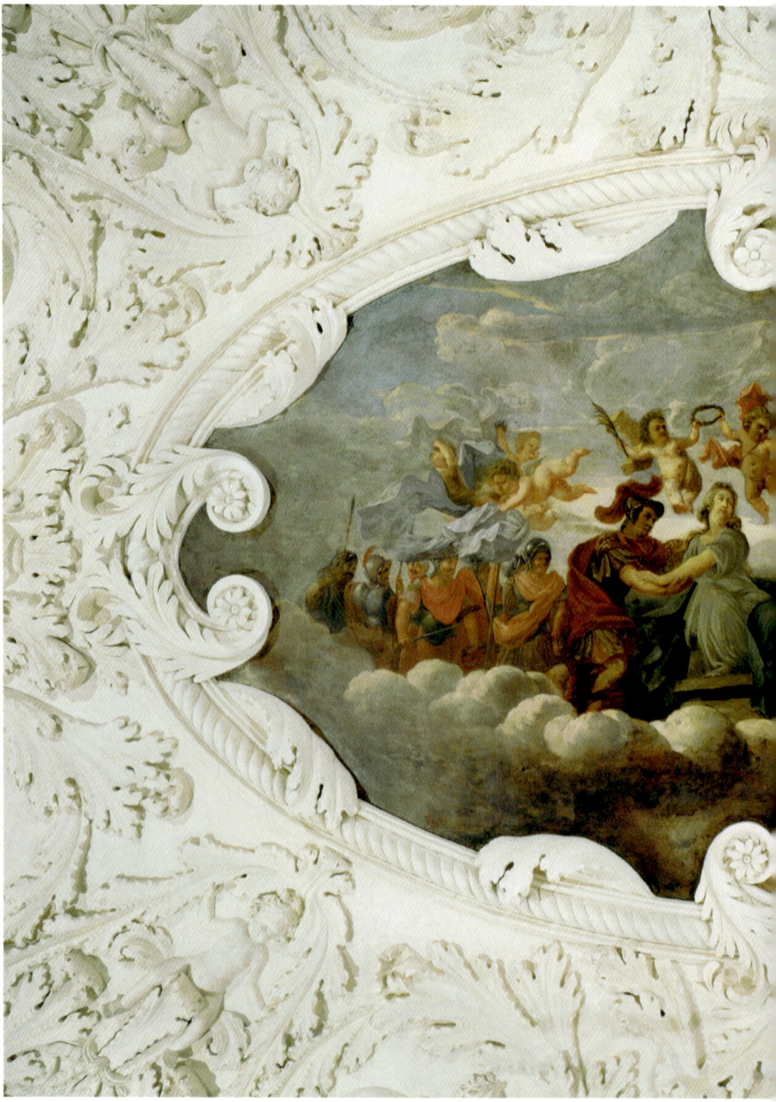

Die Opferung der Iphigenie, Deckengemälde im Schloss Köpenick, Umkreis des Jacques Vaillant, um 1690

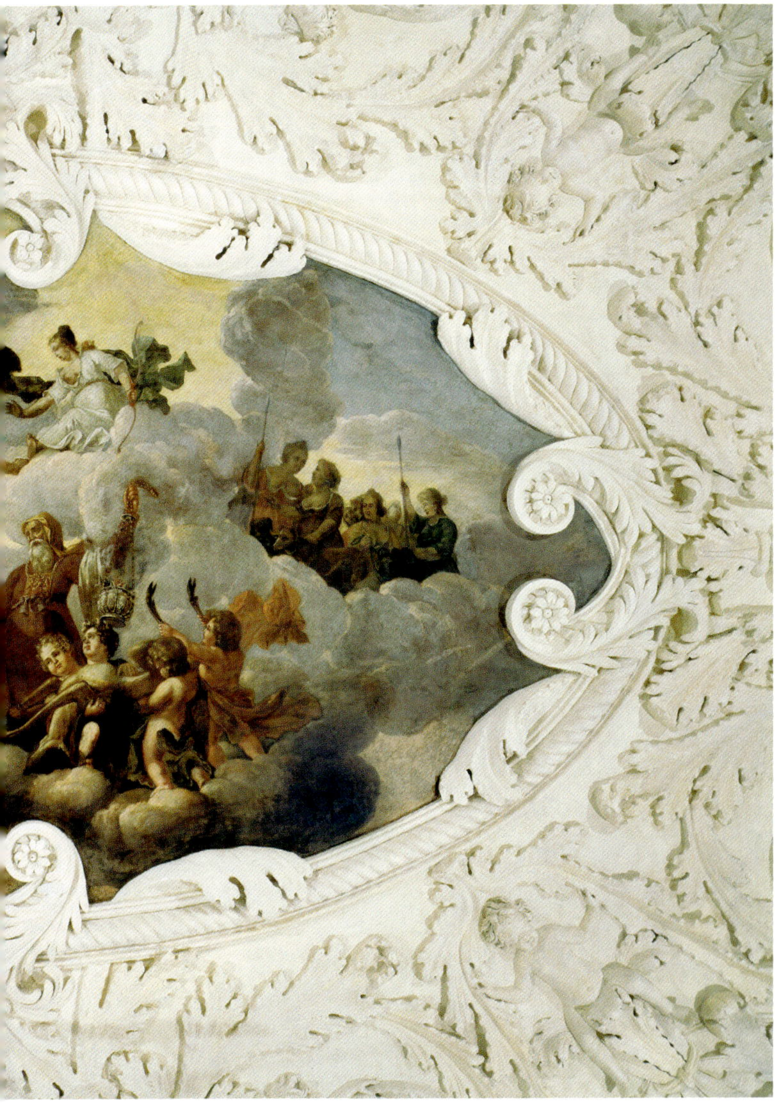

Einführung

Schloss Köpenick ist eine der eindrucksvollsten barocken Schlossanlagen in Berlin und der Mark Brandenburg. Zwischen 1994 und 2004 wurde das gesamte Bauensemble auf der Köpenicker Schlossinsel durch die Stiftung Preußischer Kulturbesitz restauriert und modernisiert. Unter anderem erhielten die Gebäude eine komplette Ersatzgründung und eine neue Dacheindeckung. Ferner wurden die 29 reich stuckierten, zumeist mit Szenen aus dem Diana-Mythos bemalten Decken der Schlossräume aufwändig restauriert. Sie stellen das bedeutendste profane Ensemble barocker Stuckdekorationen des späten 17. Jahrhunderts im gesamten nordostdeutschen Raum dar und sind eine der Hauptattraktionen des Köpenicker Schlosses.

Zur Geschichte von Schloss Köpenick

Das Schloss Köpenick wurde zwischen 1677 und 1690 nach mehrfach geänderten Plänen der Architekten Rutger van Langervelt und Johann Arnold Nering errichtet. Es diente zunächst als Wohnsitz für den Kur-

Kurfürst Friedrich III., Stuckrelief im Eingangsvestibül, 1688–1690

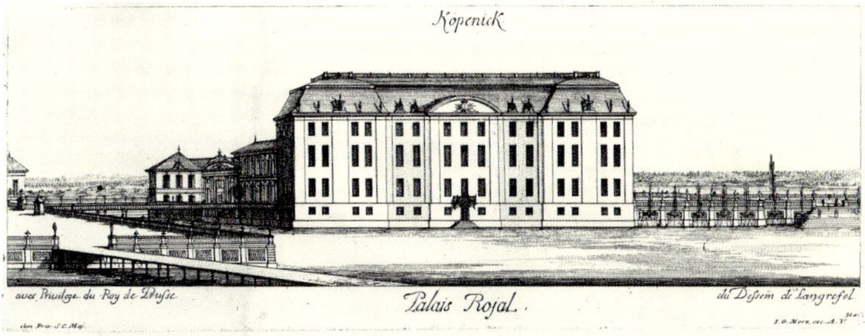

Jean-Baptiste Broebes, Schloss Köpenick, Westfassade, nach 1701
Kupferstich aus: Prospect der Palläste und Lust-Schlösser Seiner Königlichen Mayestätt in Preussen, Augsburg 1733

prinzen Friedrich. Bald nach dem Regierungsantritt als Kurfürst von Brandenburg im Jahre 1688 ließ das Interesse Friedrich III. am Schloss nach. Es wurde in der Folgezeit vor allem als Jagdschloss und später als Witwensitz genutzt. 1804 verkaufte die Krone das Schloss an den Grafen Friedrich Wilhelm Karl von Schmettau, der erhebliche Veränderungen am Gebäude vornehmen ließ. Nachdem der preußische Fiskus das

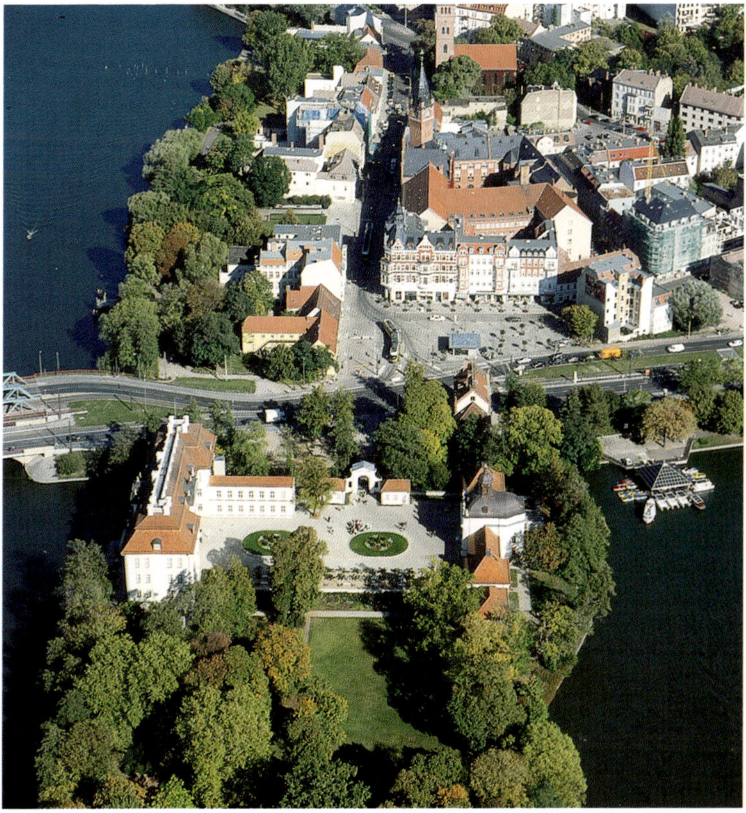

Schlossinsel und Altstadt Köpenick, Luftbild 2004

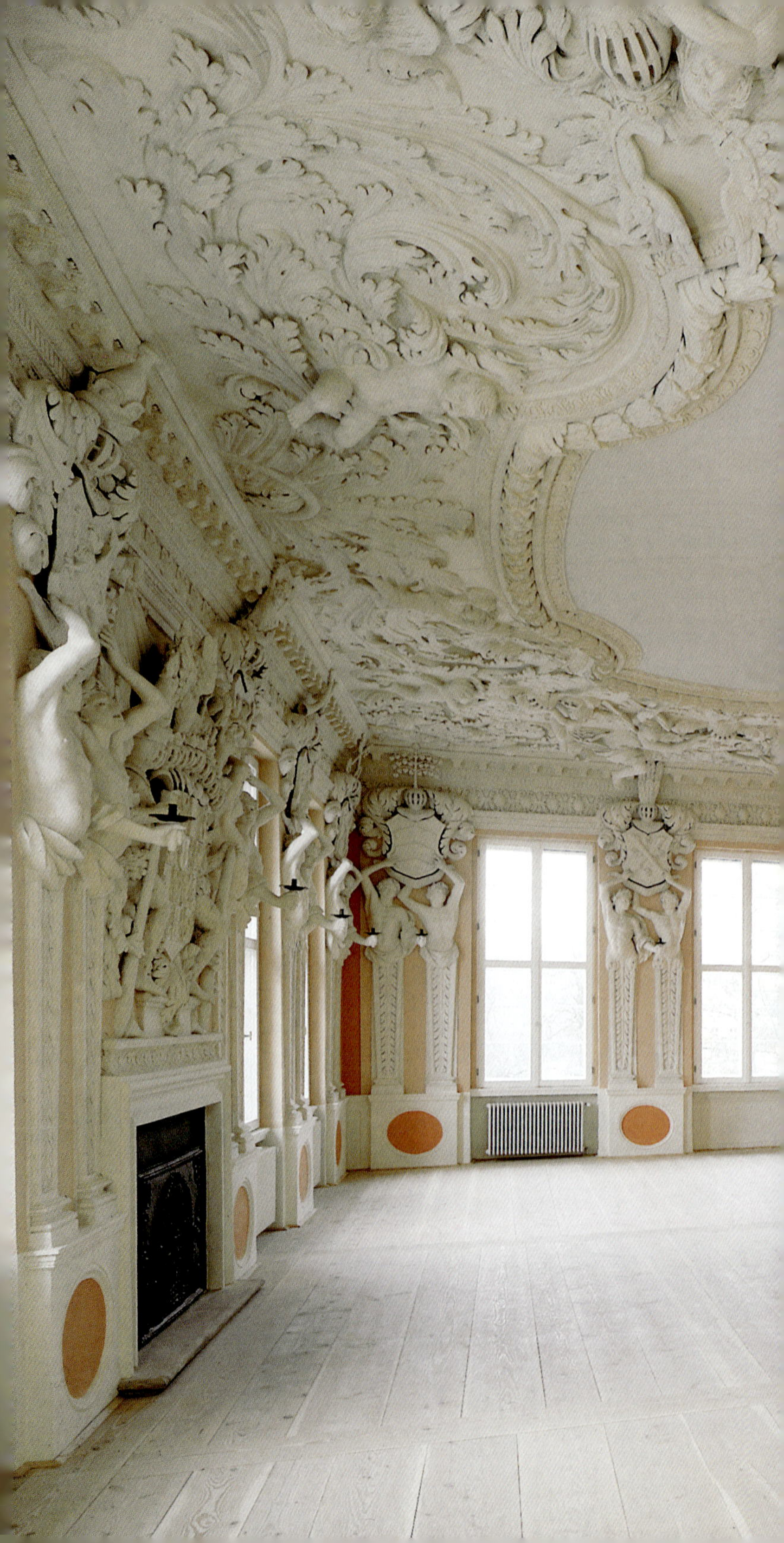

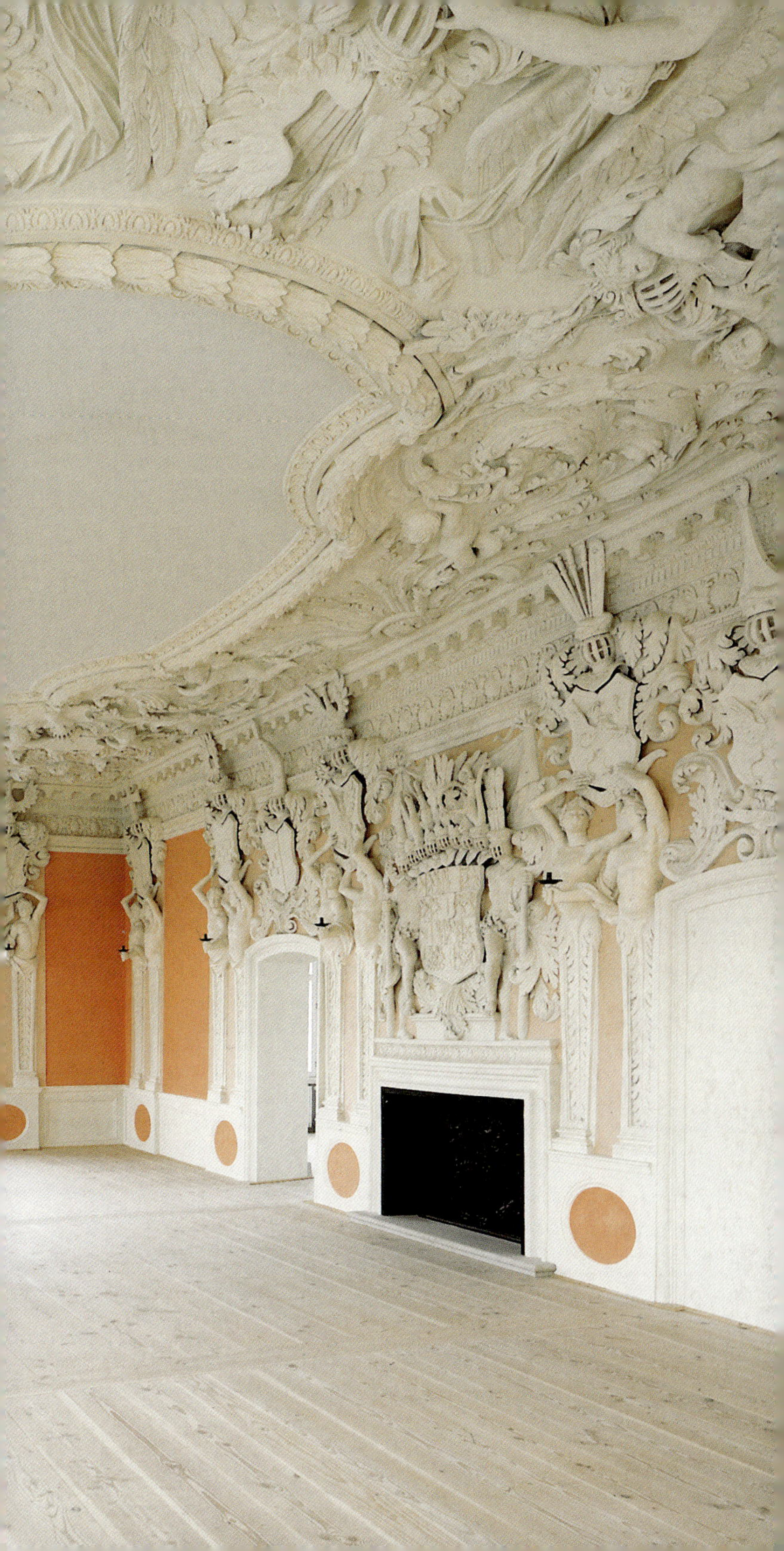

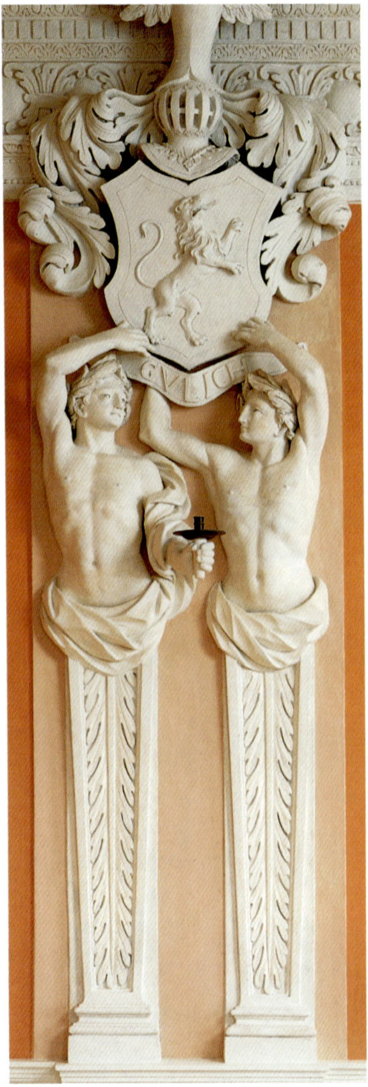

Giovanni Carove, Pilaster-Hermen im Wappensaal, um 1685, Kalkstuck; Zustand nach Abschluss der Restaurierung 2003

Schloss 1818 erworben hatte, erfuhr es verschiedene Nutzungen: Es war zunächst Staatsgefängnis und Militärdepot, wurde ab 1851 als Schullehrerseminar und von 1927 bis 1941 als Wohnheim für auslandsdeutsche Studenten genutzt.

Vorhergehende Doppelseite: Wappensaal

Nach 1945 diente es unter anderem als Heimstatt des Staatlichen Volkskunstensembles der DDR. Erst 1963, als die Staatlichen Museen zu Berlin (Ost) mit jenen Beständen des Kunstgewerbemuseums in das Schloss Köpenick einzogen, die nach dem Zweiten Weltkrieg im Ostteil Deutschlands verblieben waren oder 1958 aus der Sowjetunion hierher zurück gelangten, endete die Zeit der wechselvollen Nutzungsgeschichte des Schlosses.

Die Geschichte des Berliner Kunstgewerbemuseums

Als das Kunstgewerbemuseum 1867 unter dem Namen »Deutsches Gewerbe-Museum« in Berlin gegründet wurde, war es das erste Museum dieser Art in Deutschland und das dritte weltweit. Der Idee zu diesem neuen Museumstyp lagen zunächst ökonomische Notwendigkeiten zu Grunde. Mit der Zunahme industriell gefertigter Massenprodukte und den seit 1851 stattfindenden Weltausstellungen geriet das traditionelle deutsche Handwerk unter enormen Wettbewerbsdruck. Deutlich zeigte sich: Wer im weltweiten Wettstreit der Handwerks- und Industrieprodukte konkurrenzfähig sein wollte, musste sich den internationalen Maßstäben in Form, Funktion, Technik und damit Qualität anpassen. Daher war es vorrangiges Ziel des neu gegründeten Deutschen Gewerbe-Museums, an das eine Unterrichtsanstalt angegliedert war, durch eine »Vorbilder- und Mustersammlung« das Qualitätsbewusstsein und ästhetische Formgefühl im Handwerk zu schulen und zu erhöhen.

Das Kunstgewerbemuseum in Berlin expandierte stark und bezog nach einer Reihe behelfsmäßiger Stationen 1881 das von Martin Gropius und Theodor Schmieden im Stile der italienischen Renaissance entworfene Domizil an der Prinz-Albrecht-Straße. Seit 1885 zählte das Kunstgewerbemuseum zu den Königlichen Museen und war damit aus seiner ursprünglich privaten Existenz in die Obhut des Staates übergegangen. Zahlreiche Ankäufe und Schenkungen bedeutender privater Sammlungen und die Übereignung von großen Beständen der Brandenburgisch-Preußischen Kunstkammer ließen den Bestand schnell anwachsen und zwangen zum erneuten Standortwechsel. 1921 erfolgte der Umzug in das von Andreas Schlüter und Eosander von Göthe errichtete Berliner Schloss, das nach dem Ende des Ersten Weltkriegs und der Abdankung Kaiser Wilhelms II. verwaist war.

Mit diesem Umzug war die Neuausrichtung des Museums, die schon 1875 mit der Umbenennung in »Kunstgewerbe-Museum zu Berlin« begonnen hatte, endgültig abgeschlossen. Während unter dem Museumsgründer Julius Lessing die Wiederbelebung des künstlerisch hochwertigen Handwerks und der Aufbau einer historischen Sammlung im Mittelpunkt gestanden hatten, verfolgte sein Nachfolger Otto von Falke – seit 1908 Museumsdirektor und seit 1921 Generaldirektor der Berliner Museen – vornehmlich wissenschaftlich orientierte Ziele. Zeitgenössisches Kunsthandwerk wurde als Sammlungsgebiet aufgegeben und die Unterrichtsanstalt ausgegliedert. Das Gewerbemuseum wandelte sich zu einem Kunstmuseum. Besiegelt wurde diese Entwicklung durch die Integrierung der im Berliner Schloss verbliebenen Kunstschätze des preußischen Herrscherhauses in den Bestand des Museums. Dazu gehörten unter anderem das Große Silberbuffet der Augsburger Silberschmiede Biller oder der berühmte Pultschreibschrank von David Roentgen. Vor allem diese einzigartigen Kunstwerke und die historischen Schatzkomplexe wie die mittelalterlichen Kirchen-

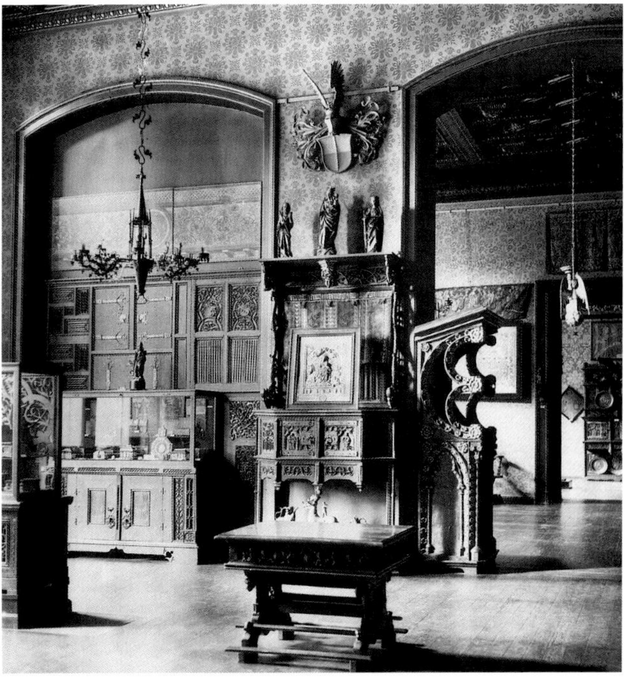

Das Kunstgewerbemuseum im Gropius-Bau (1881–1921), Gotischer Saal

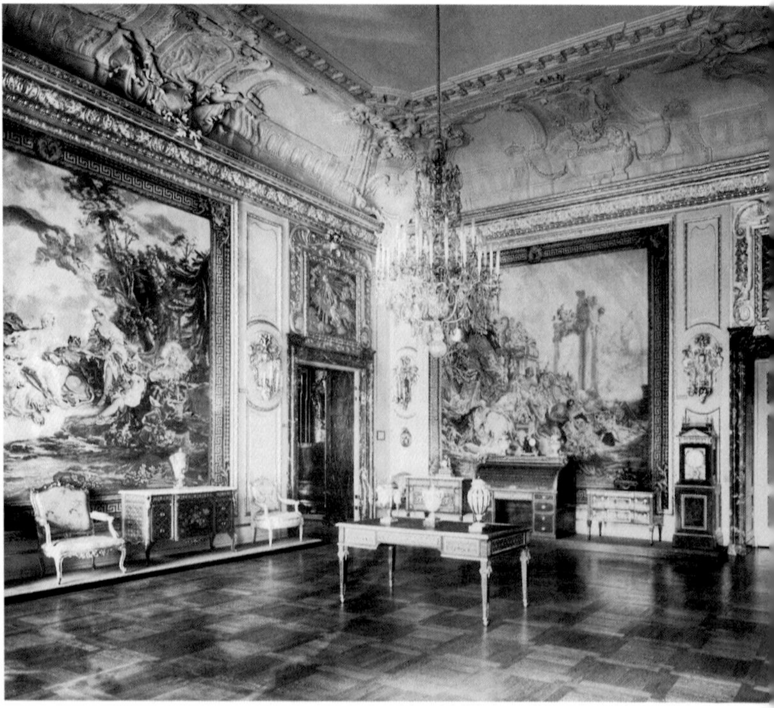

Das Kunstgewerbemuseum als »Schloßmuseum« im Berliner Schloss (1921–1939), Bouchersaal

schätze, das Lüneburger Ratssilber, der Pommersche Kunstschrank aber auch die großartigen Sammlungen an Majoliken, Bronzen, Silber und Porzellan, sowie der 1935 erworbene Welfenschatz lösten in den 1930er Jahren einen enormen Besucherandrang aus. Sie begründen noch heute den weltweiten Ruf des Berliner Kunstgewerbemuseums.

Am Ende des Zweiten Weltkriegs war ein beträchtlicher Teil der Sammlung zerstört oder verloren gegangen. Das weit gehend zerstörte Berliner Schloss wurde 1950 abgerissen. Damit existierte auch für das Museum kein Domizil mehr. Die Bestände des Kunstgewerbemuseums bildeten auf Grund ihrer Auslagerungs- und Bergungsorte nach dem Krieg den Grundstock von zwei Sammlungen in West und Ost. Im Westen kam es 1957 zur Gründung der Stiftung Preußischer Kulturbesitz, in deren Obhut das Kunstgewerbemuseum mit seinen aus Hessen und Niedersachsen hierher zurück geführten Beständen kam. Dazu zählten unter anderem die mittelalterliche Sakralkunst und das Lüneburger Ratssilber. Diese Sammlungsteile fanden ab 1963 zunächst eine provisorische Bleibe im Knobelsdoff-Flügel des Charlottenburger Schlosses, bis das Kunstgewerbemuseum 1985 das von Rolf Gutbrod entworfene neue Gebäude am Kulturforum bezog.

In der DDR übersiedelte – nach diversen behelfsmäßigen Unterbringungen – das Kunstgewerbemuseum der Staatlichen Museen zu Berlin (Ost) 1963 in das barocke Schloss Köpenick, das damit endlich wieder einer angemessenen und dauerhaften Nutzung zugeführt wurde. Einen Schwerpunkt der Sammlung in Schloss Köpenick bildeten vor allem die kostbaren historischen Möbel.

Nach der Wiedervereinung Deutschlands im Jahre 1990 wurde entschieden, das Schloss Köpenick

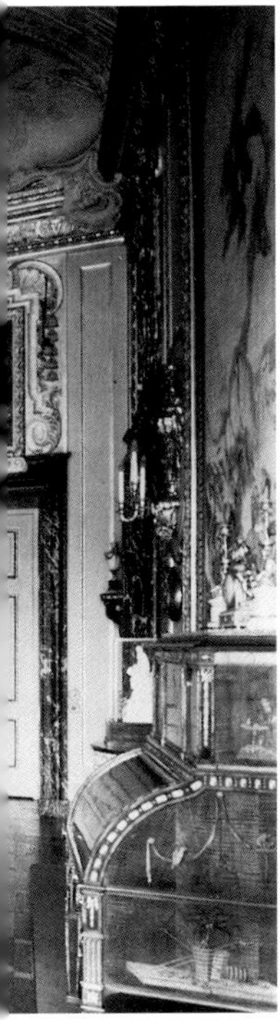

weiterhin als zweites Haus für das Kunstgewerbemuseum der Staatlichen Museen zu Berlin Preußischer Kulturbesitz zu nutzen.

Das Berliner Kunstgewerbemuseum verfügt nach der Vereinigung wieder über eine der weltweit bedeutendsten Sammlungen seiner Art. Es vermittelt ein universales Bild von der frühmittelalterlichen Sakralkunst über die Meisterwerke der Renaissance, des Barock und Rokoko, des Jugendstils und des Art Déco bis hin zu Zeugnissen aus Geschichte und Gegenwart des Design.

Auf zwei sehr verschiedenartige Gebäude verteilt, bietet sich für das Kunstgewerbemuseum die einmalige Gelegenheit, Schwerpunkte seines reichen Sammlungsbestands der Öffentlichkeit unter verschiedenen Aspekten darzustellen: Im Zentrum der Stadt präsentiert der moderne Museumsbau am Kulturforum einen breiten Überblick über europäisches Kunsthandwerk vom Mittelalter bis

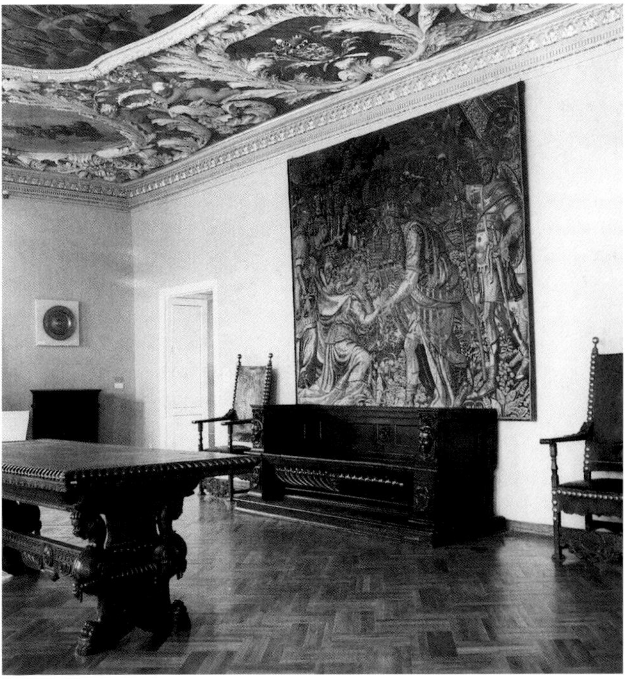

Das Kunstgewerbemuseum im Schloss Köpenick (seit 1963), Italiener-Saal

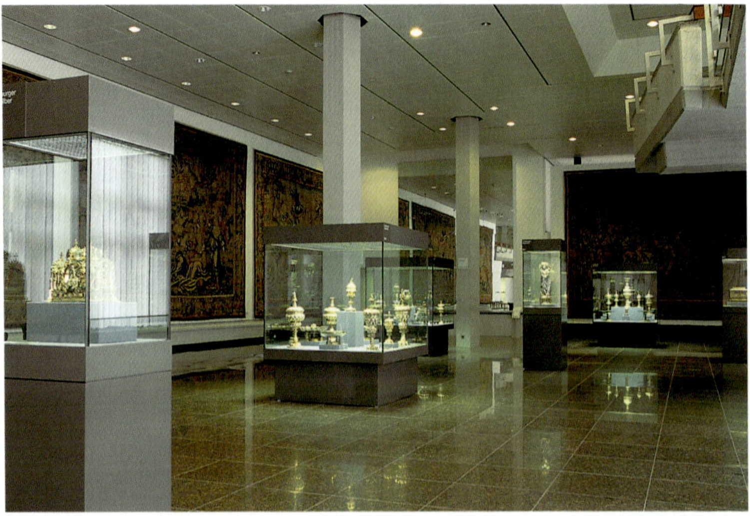

Das Kunstgewerbemuseum im Gutbrod-Bau am Kulturforum (seit 1985), Renaissance-Saal

in die Gegenwart und internationales Design. Das am Wasser gelegene barocke Schloss Köpenick ist dagegen der ideale Ort, Werke der Raumkunst aus Renaissance, Barock und Rokoko ästhetisch besonders wirkungsvoll zu zeigen. Der Begriff »Raumkunst« umschreibt dabei kunsthandwerklich gestaltete Objekte, die wesentlich an der Ausstattung eines Innenraums beteiligt sind und seine Atmosphäre prägen.

Das Kunstgewerbemuseum im Schloss Köpenick

Schloss Köpenick ist kein Museumsschloss, sondern es beherbergt ein Museum im Schloss. Von der ursprünglichen Einrichtung des Schlosses war bereits Mitte des 19. Jahrhunderts kaum noch etwas vorhanden. Alle ausgestellten Kunstwerke sind Teil der Museumssammlung.

Die Besonderheit des Kunstgewerbemuseums im Schloss Köpenick liegt daher in der spannungsreichen und für Berlin ungewöhnlichen Kombination von Schlossgebäude und musealer Sammlung. Die dem Besucher stets präsente Insellage, die Ausblicke auf die Schlosskirche und den Schlosspark, die maßvollen Proportionen, die Üppigkeit der Stuckaturen und Deckengemälde sowie das moderne Ausstellungsdesign bestimmen die Wirkung der Schlossräume. Ihr Zusammenklang mit der Ausstrahlung der ausgestellten Kunstwerke bildet den Kern des Ausstellungskonzepts »Raumkunst aus Renaissance, Barock und Rokoko« und ist zugleich Grundlage für seine Inszenierung.

Im Zentrum der 21 Schauräume (ca. 1500 m²) stehen Hauptwerke des Museums, die dem chronologisch aufgebauten Rundgang einen Rhythmus mit gänzlich unterschiedlichen Raumerlebnissen geben. Da sind zunächst vier bemerkenswert vollständige Getäfel, also historische Wandverkleidungen, die als begehbare Zimmer aufgestellt sind: aus der Renaissance die Prunkstuben aus Schloss Haldenstein in Graubünden (um 1548; S. 31) und aus Schloss Höllrich in Unterfranken (um 1555; S. 35), das barocke Spiegelkabinett aus Schloss Wiesentheid (1724/25; S. 84) sowie das Chinesenzimmer mit Lackmalereien aus dem Palazzo Graneri in Turin (um 1740/50; S. 98) – ein Hauptwerk des Rokoko.

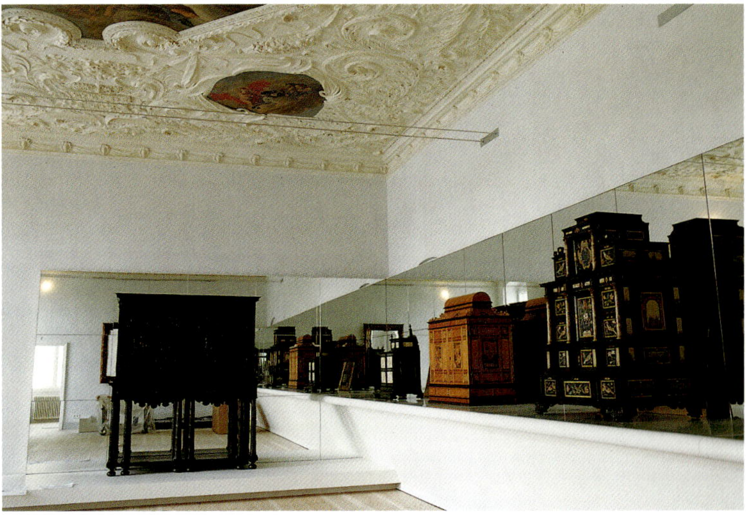

Das Kunstgewerbemuseum im Schloss Köpenick, Neuaufstellung 2004

Den herrschaftlich repräsentativen Charakter einer Raum- und Wandgestaltung demonstrieren das Große Silberbuffet aus dem Berliner Schloss (vor 1698; S. 72) und natürlich der »Wappensaal«, der Hauptsaal des Köpenicker Schlosses mit seinen beeindruckenden Stuckaturen. Dort ist in moderner Inszenierung das für Friedrich II. von der Königlichen Porzellanmanufaktur Berlin (KPM) für das Breslauer Stadtschloss angefertigte Tafelservice (1767/68; S. 104) ausgestellt.

Zwischen diesen Höhepunkten befinden sich in jedem der kleineren Schlossräume Werke von kaum geringerem Rang, die ursprünglich ebenfalls zur Ausstattung von Räumen in königlichen Schlössern, fürstlichen Palästen oder Patrizierhäusern dienten: Wandpaneele und Möbel, Tapisserien, Leder-, Seiden- und Papiertapeten, Wand- und Deckenleuchten, Wandspiegel und Standuhren. Hinzu kommt anderer, mobilerer Raumschmuck wie Wandteller, Vasensätze, Rahmen, Bildwerke sowie sonstige dekorative und funktionale Kunstgegenstände. In einer gesonderten Galerie wird Porzellan der KPM Berlin gezeigt. Das Dachgeschoss beherbergt eine ausgedehnte Studiengalerie mit Werken aus Glas, Keramik und Metall. Zwei Räume im Gewölbe des Souterrains vermitteln ergänzend einen Einblick in die Siedlungs- und Baugeschichte der Köpenicker Schlossinsel von der Jungsteinzeit bis in die Gegenwart.

Die Ausstellungsgestaltung, vom Architekten Hans Dieter Schaal entworfen, bewegt sich, was Materialität, Farbigkeit und Gestaltungssprache betrifft, in der Gegenwart. Dies zeigt sich auch in der zeitgenössischen Gestaltung der Funktionsräume und dem öffentlichen Mobiliar. Mit der modernen Ausstellungsgestaltung wird zugleich ein Bogen zum zeitgenössischen Design geschlagen, das im Kunstgewerbemuseum am Kulturforum als wesentliches Sammlungsgebiet zu sehen ist.

Aus dem barocken Schloss Köpenick mit seinen kunstvollen Stuckdecken und Plafondgemälden, der Präsentation der historischen Raumkunst aus Renaissance, Barock und Rokoko sowie der gesamten Ausstellungsinszenierung ist ein neues Gesamtkunstwerk entstanden, das über Berlin hinaus seine Wirkung entfaltet.

Dr. Angela Schönberger
Museumsdirektorin

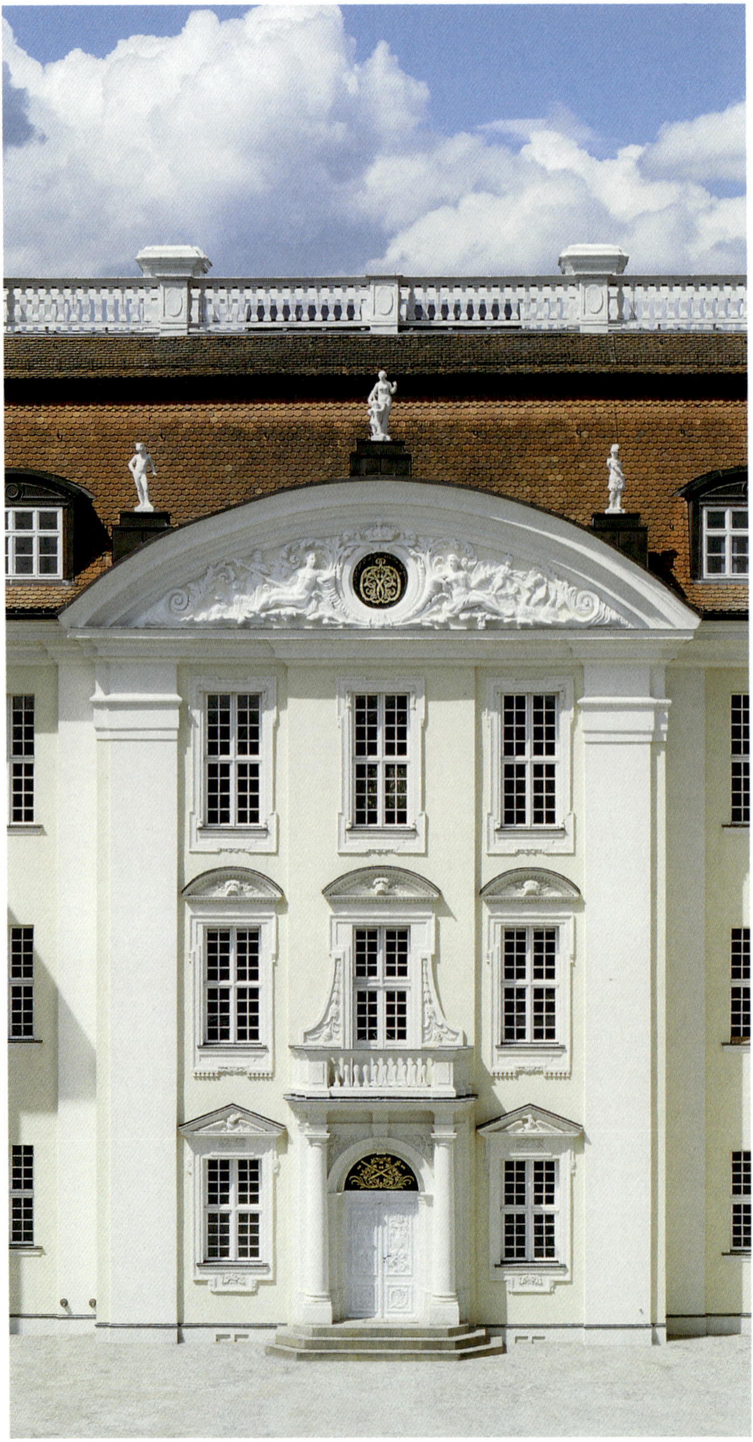

Schloss Köpenick, Ostfassade mit Portal

Hauptwerke des Kunstgewerbemuseums im Schloss Köpenick

Verzeichnis der Autorensigel

WCo	Wolfgang Cortjaens
ChK	Christiane Keisch
LL	Lothar Lambacher
SN	Susanne Netzer
ASt	Achim Stiegel

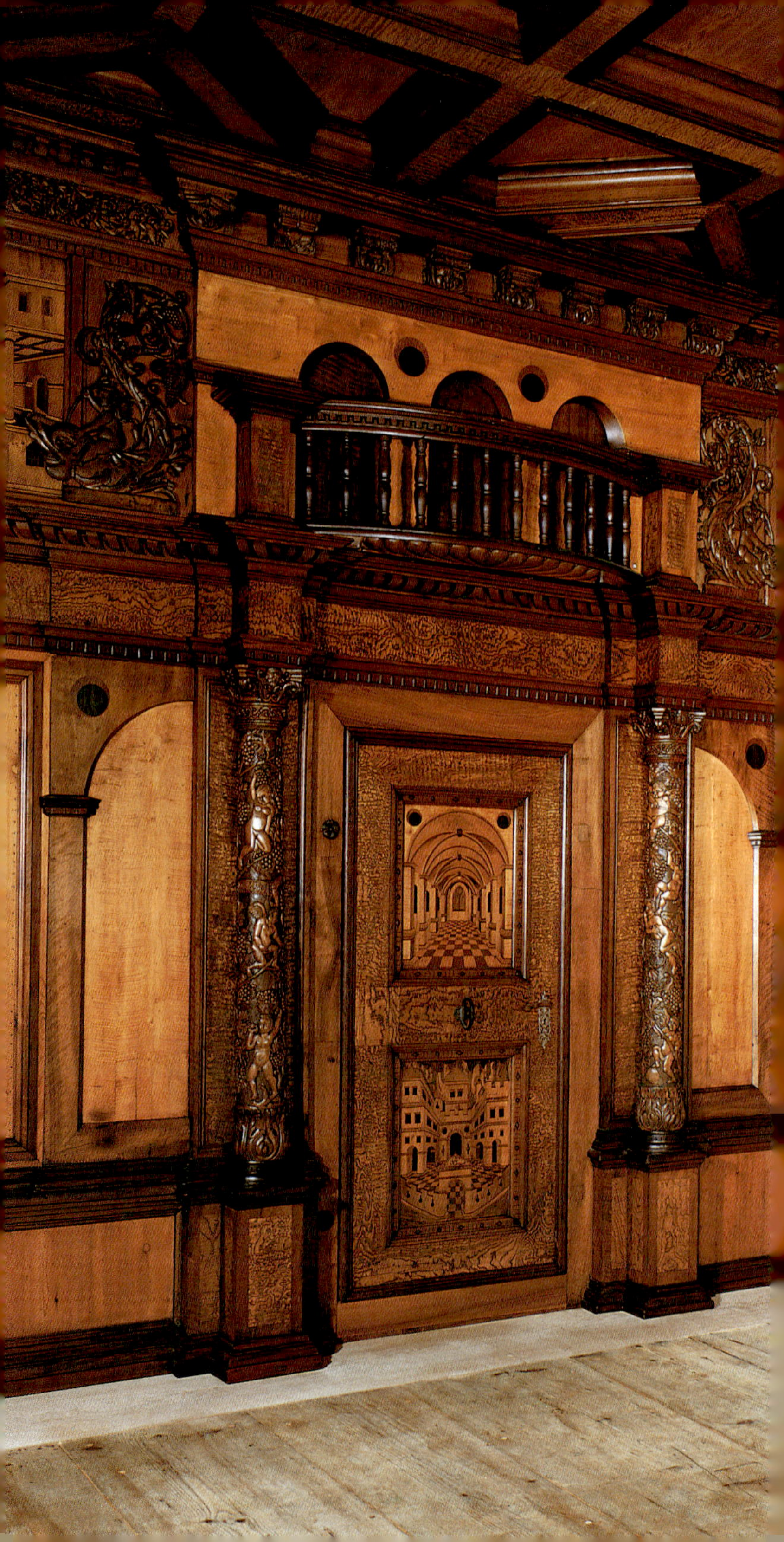

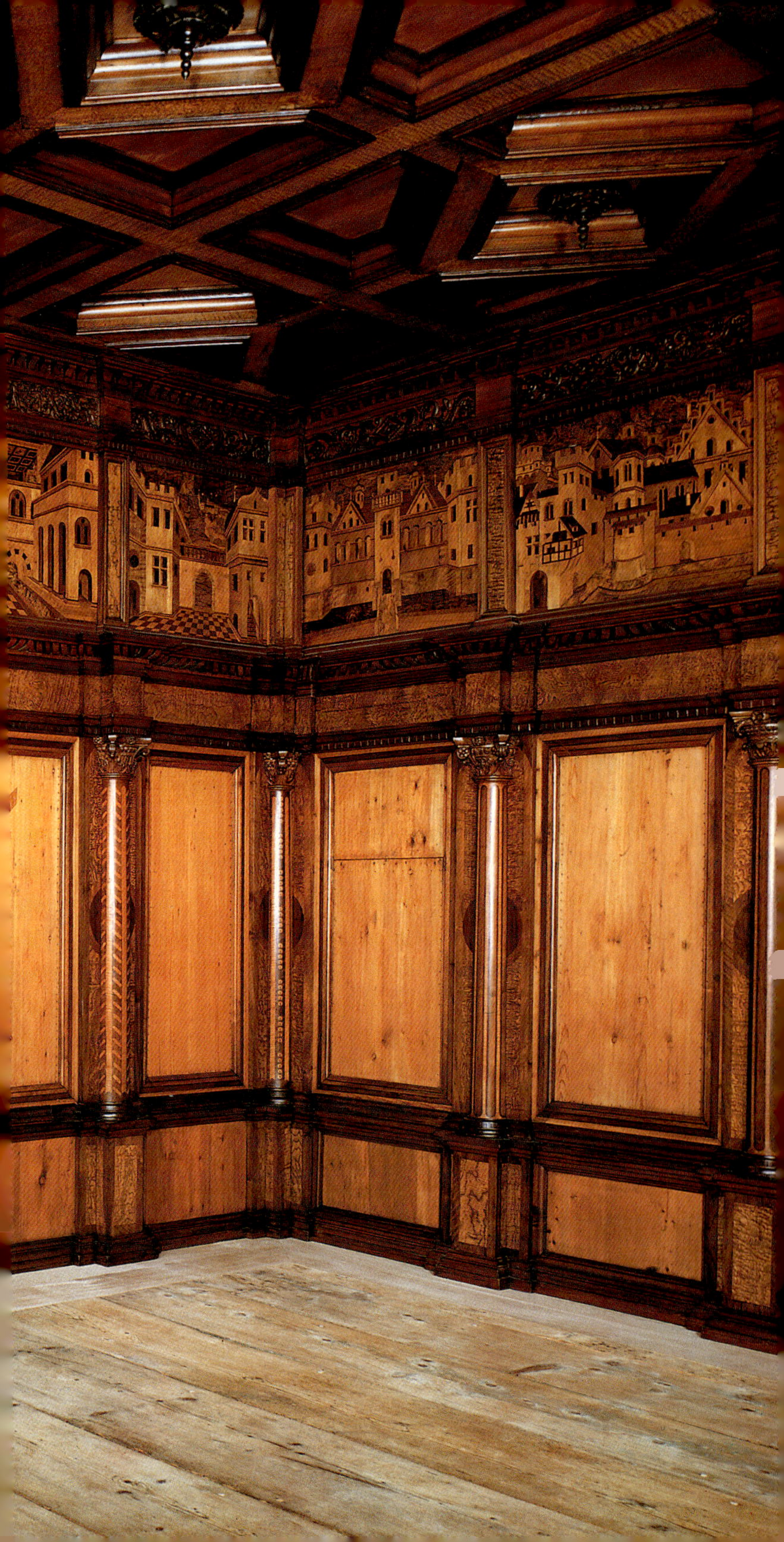

Renaissance

Die Renaissance bildet den Anfang einer neuen Zeit, in der das Individuum begann, sich von der religiös dominierten mittelalterlichen Weltauffassung zu lösen und seinen Eigenwert als schöpferische Persönlichkeit zu erkennen. Das neue, an den Wissenschaften orientierte Natur- und Lebensgefühl verband sich mit der Wiederentdeckung der klassischen Antike und führte besonders in Italien, dem Zentrum dieser europäischen Epoche, zu kultureller Blüte.

Zu den wesentlichen Merkmalen der italienischen Renaissance gehören die Porträtmalerei und -plastik als individuelle Darstellung des Menschen, die Entwürfe zu Idealarchitekturen und die Entwicklung der Zentralperspektive. Mit Kupferstichen illustrierte Architekturtraktate verbreiteten die neu entdeckten antiken Regeln der klassischen Proportionen in Europa. Die Errungenschaften der italienischen Renaissance gelangten über die Alpen in die freien Reichsstädte wie Augsburg oder Nürnberg, die mit ihren mächtigen Zünften und Handelsdynastien die Entwicklung im Deutschen Reich anführten. Königliche Auftraggeber wie Franz I. von Frankreich (1515–1547) holten in großem Umfang italienische Künstler an ihren Hof.

Der auch durch den Orienthandel begründete Reichtum machte den Palastbau zu einem Höhepunkt der italienischen Renaissancearchitektur. In einem Palazzo bestand die herrschaftliche Wohnung im ersten Stock aus dem Festsaal (*sala*) und den Schlafgemächern (*camere*). Mit geprägten Ledertapeten bespannte oder bemalte Wände, in Terrakotta geflieste Böden, Stuckdecken oder kassettierte Holzdecken und ein Marmorkamin in der *sala* gehörten ebenso zur repräsentativen Ausstattung wie Bildteppiche aus Arras, intarsierte und beschnitzte Truhen, Scherensessel und Kredenzen mit aufwändiger Majolika und venezianischem Glas. Neu war die Dekoration durch die Groteske, eine nach ihrem Fundort in den römischen Ruinen (*grottae*) benannte phantasievolle Kombination aus Leuchterständern, stilisiertem Rankenwerk, figürlichen Tier- und Fabelwesen.

In den nördlichen Ländern erfolgte die Einführung des zweiteiligen herrschaftlichen Appartements erst spät, Mitte des 16. Jahrhunderts. Es bestand aus der Schlafkammer und der »Wohnstube«, die als Schreibstube oder als Repräsentations- und Speiseraum für besondere Anlässe ausgestattet sein konnte. Dazu gehörten ein großes Fenster, der Kachelofen, breite Fußbodendielen, die kassettierte Decke und das bereits in der Gotik bekannte *Getäfel* der Wände. Die den klassischen Proportionsregeln der Architektur folgende vertikale und horizontale Gliederung der Innenwände und Möbelfronten war ebenso neu wie ihre Ornamentik. An die Stelle des gotischen Maß- und Stabwerks traten geometrische Intarsien, Mauresken und perspektivische Architekturansichten sowie Schnitzarbeit aus Grotesken, Roll- und Rankenwerk. Das Mobiliar war überwiegend in die Vertäfelung integriert: das gilt für die Anrichte mit und ohne eingebautem Handwaschbecken (*lavabo*) wie auch die Sitzbänke (*gutschen*) und Wandschränke. Mobil waren der zunehmend als eigenständiges Möbel gestaltete Tisch und die Stühle. Leuchterweibchen, Messingbecken, Kannen und Krüge aus Zinn oder Steinzeug waren kostbares Gerät.

Charakteristisch für die Raumkunst der Renaissance ist der durch die klassische Lehre des antiken Formenkanons geprägte Reichtum an individueller handwerklicher Vollendung, ornamentaler Fülle und illusionistischer Täuschung. *ASt*

Vorhergehende Doppelseite: Zimmervertäfelung aus Schloss Haldenstein, um 1548 (S. 31)

Kassettierte Holzdecke (Fragment) aus dem Palazzo Bartolini in Florenz

Bartolomeo Baglioni
Florenz, 1523
Konstruktionsholz: Nadelholz; Profile und Schnitzwerk: Pappelholz
B. 585 cm, T. 403 cm
Inv. Nr. 1899,169

Sämtliche Räume im *Piano Nobile*, dem Obergeschoss des Palazzo Bartolini waren mit hölzernen Kassettendecken ausgestattet, die von einer in Florenz seltenen Pracht waren und den Einfluss des römischen Palastbaues bezeugen. Die Decke stammt aus dem Schlafraum (*camera*) des Giovanni Bartolini und seiner Frau. Die große Höhe des Obergeschosses (ca. 6 m) erlaubte es, in den Privatgemächern ein niedriges Mezzanin- oder Halbgeschoss einzuziehen, so dass die Kassettendecke in knapp 4 m Höhe hing.

Die Decke war mit ihrem ursprünglich vorhandenen reichen Mittelstück deutlich zentriert. In ihrem Balkengitter sind tragende Längs- und verstrebende Querbalken nicht mehr unterscheidbar.

Die von Bartolomeo Baglioni (1465–1543) entworfene und ausgeführte Decke besticht durch ihre harmonische Gliederung und das ausgewogene Verhältnis zwischen glatten Flächen, klaren Linien und feinster Blattschnitzerei. *ASt*

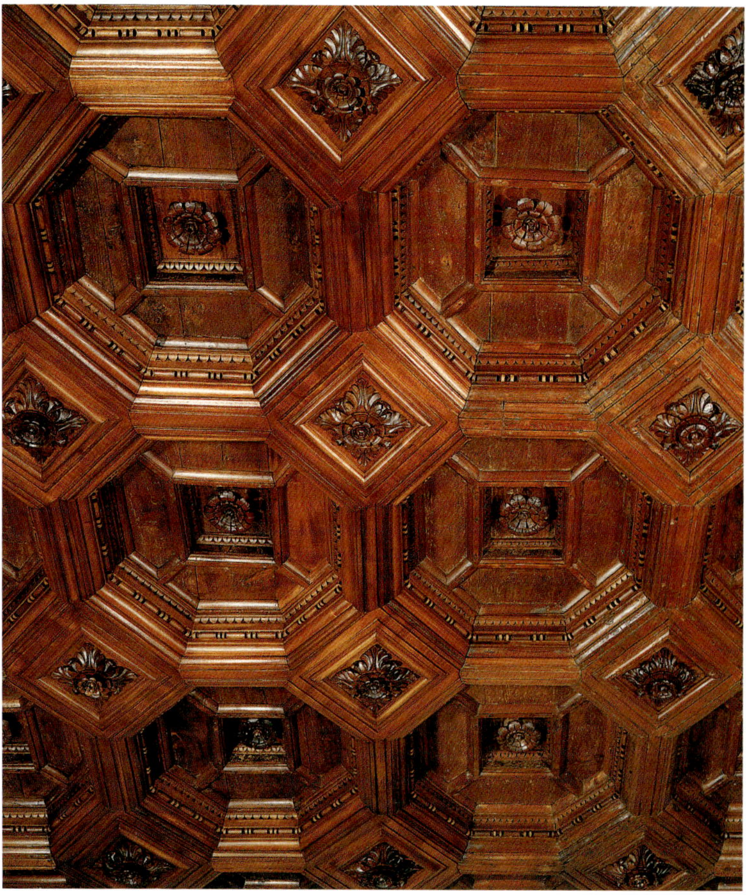

Samt mit Granatapfelmuster
Italien oder Spanien, um 1480
Goldbrokat auf gelbem Seidengrund, roter geschnittener Samt
H. 229 cm, B. jeweils 55 cm (drei Bahnen)
Inv. Nr. W-1968,10

In der Herstellung prächtiger textiler Wandbekleidungen spielte Italien zur Zeit der Renaissance eine bedeutende Rolle. In Städten wie Lucca, Florenz oder Venedig war die Seidenweberei ein wichtiger Manufakturzweig. Der effektvolle Seidensamt wurde in verschiedenen Farb- und Musterkombinationen seit dem ersten Drittel des 15. Jahrhunderts mehrfarbig gewebt. Der Granatapfel gehörte zu den beliebtesten textilen Dekoren der Renaissance. Hier steht er in Rosetten vor Spitzovalen, aus denen seitlich

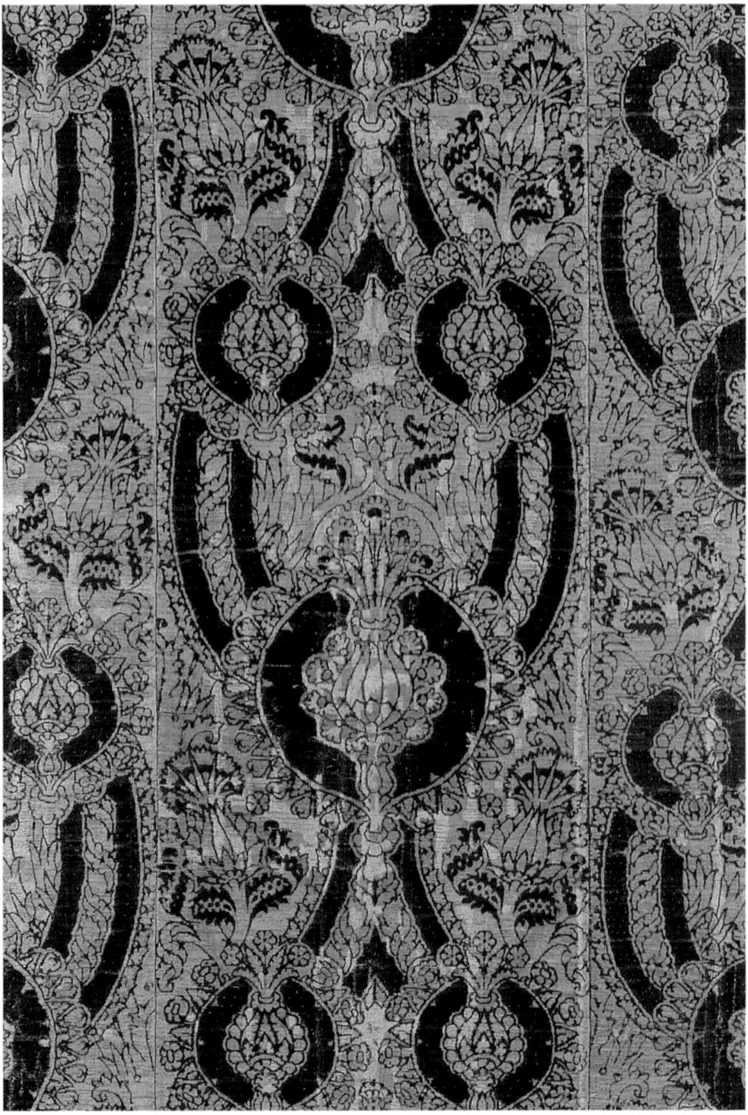

Distelblüten wachsen. Die Anordnung wiederholt sich vertikal versetzt. Die Motive basieren auf fernöstlichen und islamischen Urformen. Das Muster existiert in vielen Varianten, da schon im 15. Jahrhundert eine Art Musterschutz existierte. Der Granatapfel besaß seit der Antike symbolische Bedeutung, in der christlichen Symbolik stand die aufspringende Frucht mit der Fülle ihrer blutroten Kerne u.a. für die freigiebige Liebe Gottes. Ob dies hier noch eine Rolle spielte, muss offen bleiben, zweifellos waren solche Stoffe wegen ihrer Kostbarkeit hoch geschätzt. Noch im 15. Jahrhundert gab es keine Trennung zwischen Bekleidungsstoffen und Geweben für Innenräume (Wandbespannungen, Baldachine etc.), wie in der zeitgenössischen Malerei zu sehen ist. *SN*

Fliesenplatte aus dem Palazzo Ducale in Mantua

Pesaro, um 1494

Ton, gebrannt, mit farbiger Fayencemalerei

H. 54,5 cm, B. 79,5 cm

Inv. Nr. 1888,392 a-f

Die Ausstattung fürstlicher Palazzi gehörte in der Renaissance zu den Hauptaufgaben der italienischen Kunst. Wände wurden bemalt oder mit Tapeten behängt und die Fußböden mit farbigen Fliesen kunstvoll ausgestaltet. Die hier abgebildeten Fliesen wurden für den Schlafraum der Isabella d'Este im Palazzo Ducale zu Mantua, dem Sitz der Fürsten Gonzaga, hergestellt. Wappen, Symbole und Devisen weisen auf Gianfrancesco II. hin. Dessen Familienwappen sitzt im Zentrum der Tafel. Darum gruppieren sich folgende Darstellungen: 1. ein weißer Hund mit Maulkorb und Leine, ein versteckter Hinweis auf den Gatten Isabellas, 2. eine weiße Hindin unter strahlender Sonne mit dem Spruch BIDER KRAFT (Rechtschaffenheit), der auf Barbara von Brandenburg, die Gattin Lodovicos III. zielt, 3. ein dreifach getreppter Felsen mit brennenden Holzscheiten, auf dessen Spitze ein Diamant thront, dazu das sinnbildhafte Wort AMVMOK (makellos), das auf Federico I. zu beziehen ist, 4. ein Eisenhandschuh mit dem Spruchband BVENA FE NON ES MVDABLE (ein guter Glaube ist unveränderbar), 5. ein Maulkorb mit dem Wort CAVTIUS

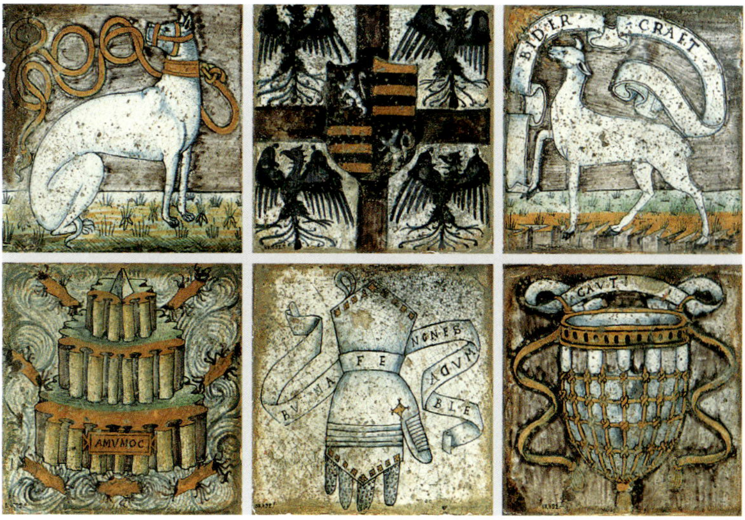

(vorsichtig) aus der unvollständigen Devise – dem Wahlspruch – Gianfrancescos II.

Die Fliesen sind im Unterschied zur islamischen Tradition, wo sie in der dort üblichen Cuenca-Technik (farbig ausgefüllte Stegreliefs) ein zusammenhängendes Mosaikfeld bilden, einzeln bemalt. Die Motive sind in dynamischer Pinselführung auf die weiße Zinnglasur gesetzt. Diese freie Maltechnik, die dunkeltonige gedeckte Farbigkeit und die Thematik (Tiere, Pflanzen, Symbolik) finden ihre Entsprechung in der zeitgleichen Gefäßmalerei der Töpferwerkstätten aus dem Umkreis Faenzas. Wie diese gehören die Fliesen zur Gattung der Majolika – eine spezielle Form der italienischen Keramik. Sie wird in ihrer Frühzeit durch den sog. *stile severo* (strenger Stil) bestimmt. Sein Einfluss reichte bis nach Frankreich, Spanien und die Niederlande, bis er im 16. Jahrhundert durch den *stile istoriati* (historischer Stil mit figürlichen Szenen) aus dem Umkreis Urbinos abgelöst wird. *ChK*

Intarsierte Truhe (*Cassone*)

Florenz (?), Ende 15. Jahrhundert
Konstruktionshölzer: Pappel, Nussbaum; Profile: Nussbaum; Intarsien: farbige Hölzer (u.a. Mooreiche, Pfaffenhütchen); Beschläge: Eisen
H. 87 cm, B. 215 cm, T. 71 cm
Inv. Nr. O-1962,27

Die ungewöhnlich große Truhe ist ein schönes Exemplar dieses als *cassone* bezeichneten typischen Florentiner Möbels der Hochrenaissance. Sie steht fest auf einer dicken Bodenplatte, die mit ihrem ausladenden s-förmigen Karniesprofil den Sockelkasten schützt. Von der Truhenfront durch ein Zwischengesims getrennt, ist der Sockelstreifen von einem breit zusammengesteckten Würfelstab bedeckt, der ihm mit seiner illusionistischen Wirkung zu Leichtigkeit und stabiler Spannung verhilft. In der gleichmäßigen Rahmung der Truhenfront sitzt eine Reihe von vier nahezu quadratischen Füllungen mit gleichem Motiv: eine von einer ornamentalen Blütenkette umrandete

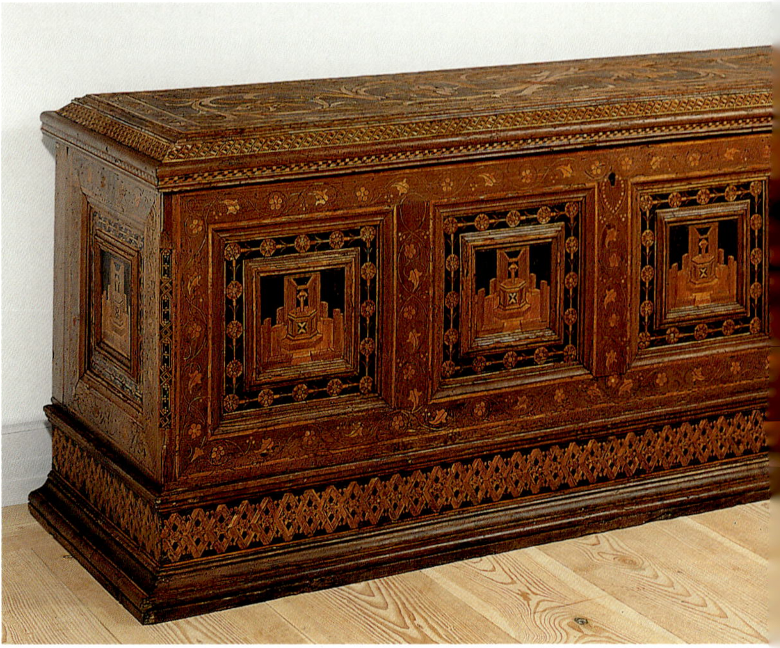

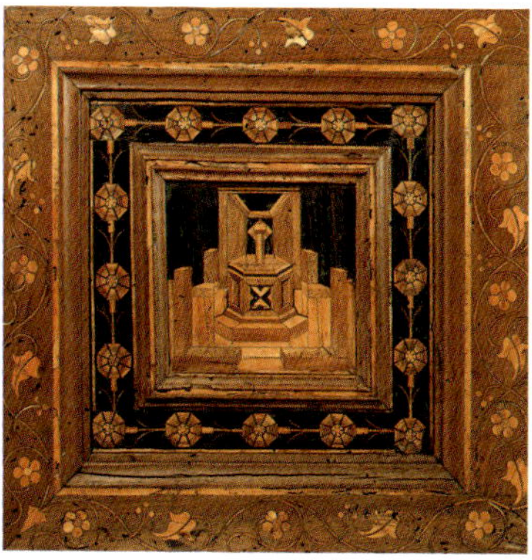

Detail: Intarsierte Truhe

stilisierte Brunnenarchitektur. Im Kontrast zu diesen Füllungen ist die Front auf den Rahmen von einem feinen intarsierten Rankenwerk gleichmäßig überzogen. Den Abschluss bildet ein schwerer Truhendeckel, der mit seinem profilierten Überstand und der an einen Sarkophag erinnernde Schräge nicht nur optisch Gewicht erhält. Schön ist der durch die Intarsie vorgetäuschte Zahnfries am Deckelrand und auch die Leichtigkeit, die dem Deckel mit dem perspektivischen Gitterwerk auf der Schrägen gegeben wird.

Die Truhe gehört auf Grund ihrer Größe zu den unbeweglichen Schaustücken der Innenausstattung eines Palazzo. Nach den Inventaren waren solche Prunktruhen häufig in der *camera* – dem Schlafraum und nach dem Festsaal bedeutendsten der herrschaftlichen Räume – zu finden. Auf Tizians berühmtem Gemälde der Venus von Urbino ist in einer Hintergrundszene zu sehen, wie mühsam diese Möbel zu handhaben waren: am besten hielt eine zweite Person den schweren Deckel geöffnet. In den Truhen wurde Wäsche oder auch der Goldschmuck der Aussteuer aufbewahrt. Häufig war das Innere durch Einsätze unterteilt.

ASt

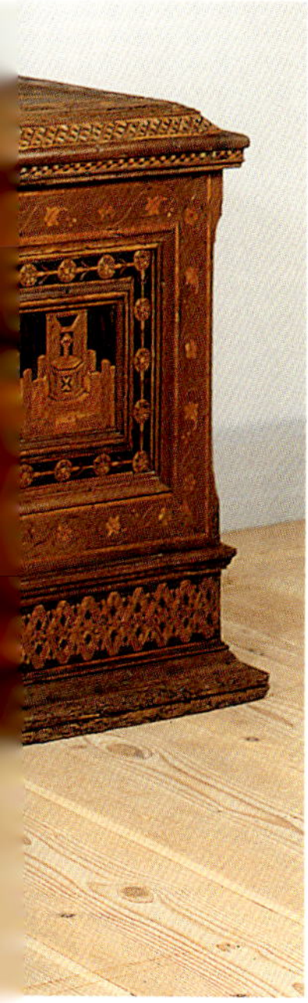

Zimmervertäfelung aus Schloss Haldenstein bei Chur

Graubünden, um 1548
Konstruktionshölzer: Kiefer, Fichte; Profile: Lärche; Schnitzwerk: Linde, Ahorn; Furniere: Ahorn, Nussbaum, Blumenesche, Pappel (grün gefärbt), verschiedene (Obst)hölzer
Raumgröße: H. 350 cm, B. 648 cm, T. 578 cm
Inv. Nr. 1884,1925

Der aus Mailand stammende Johann Jacob Castilion war Gesandter des französischen Königs Franz I. und kam 1541 durch Heirat zur Herrschaft über Haldenstein. Zwischen 1544 und 1548 erweiterte er das stattliche Renaissanceschloss zu einer vierflügeligen Anlage. Im neu erbauten Südtrakt lagen im Erdgeschoss die Repräsentationsräume und im ersten Obergeschoss die herrschaftlichen Wohnräume, darunter auch diese Prunkstube.

Beim Eintreten in das Zimmer (Abb. S. 24/25) fällt der Blick auf ein Portal mit balkonartigem Aufsatz, durch das man zu der angrenzenden

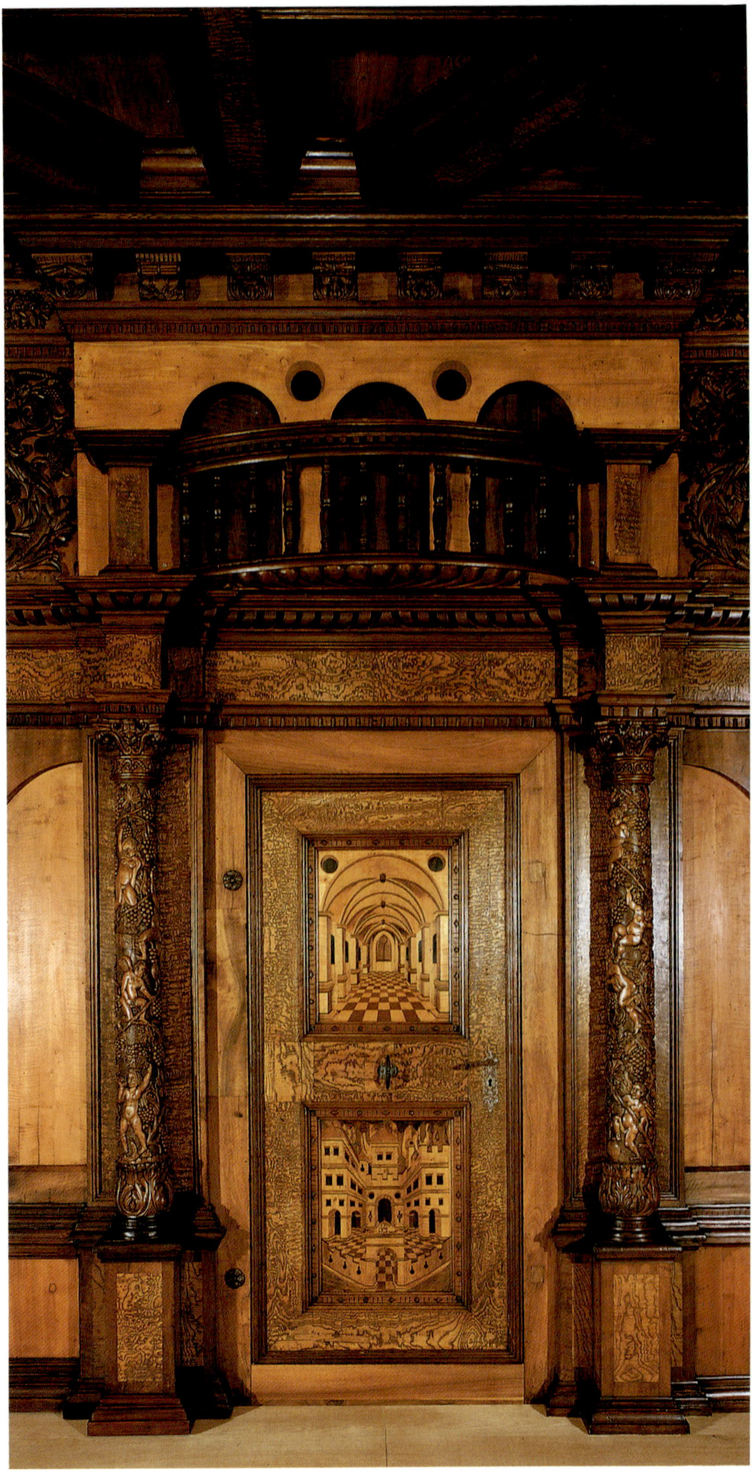

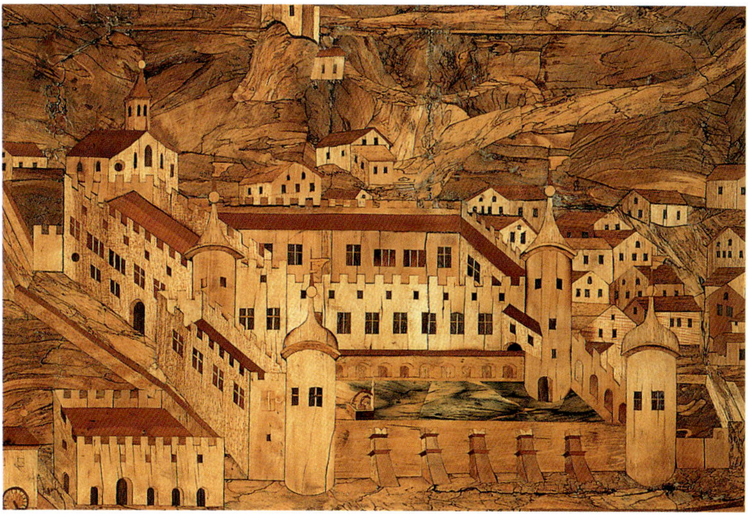

Detail: Schloss Haldenstein

Schlafkammer gelangte. Die beiden ungewöhnlich großen Fenster zur Linken gaben den Blick auf die Berge im Süden frei und tauchten den Raum in helles Licht. Rechts vom Eingangsportal stand vor der gekalkten Ofenecke ein großer dunkelgrün glasierter Graubündner Kachelofen, der im Gebirgsklima für gehobenen Wohnkomfort sorgte. Wie sonst nur in der Schlafkammer sind die Wände und auch die Decke dieser Prunkstube mit Holztafeln verkleidet (»vertäfelt«), während breite Fußbodendielen zur allgemeinen Ausstattung herrschaftlicher Räume gehörten.

Die Wandgestaltung folgt einer architektonischen Gliederung, die Postament-, Haupt- und Attikageschoss und abschließenden Fries unterscheidet. Wesentlichen Anteil an der Raumwirkung haben neben der mächtigen kassettierten Decke und der feinen, von Putten, allerlei Getier und Grotesken bevölkerten Rankenschnitzerei im Fries die reich ausgeführten Marketeriebilder in der Attika, der Wandfläche über dem Gurtgesims, und in den Türfüllungen. Zu sehen sind farbige Idealarchitekturen mit beeindruckender perspektivischer Wirkung und – höchst bemerkenswert – die Ansicht von Schloss Haldenstein. Diese Vedute des soeben fertiggestellten Neubaus bildet beim Betreten des Raums gleichsam den Auftakt der Bildfolge und ist ein gelungenes Symbol für die Kunst der Renaissance. *ASt*

Zusammenfaltbarer Scherenstuhl

Tirol (?), um 1500
Rotbuche und Nussbaum (Drehstangen)
H. 99 cm, B. 68 cm, T. 60 cm
Inv. Nr. F 75

Der Stuhl besteht aus zwölf scherenförmig gekreuzten Rippenpaaren, in die eine gerade Sitzfläche aus ineinander greifenden Stäben eingehängt ist. Die dichte Reihung der Stäbe ermöglicht zarte Scherenhölzer, deren schwungvolle Kontur hier nicht – wie sonst häufig – durch die Sitzfläche unterbrochen ist. Der Hauptdrehpunkt ist mit einer Scheibe verziert und auch die beschnitzten Rundknäufe sowie die frei schwingenden »Spielreifen« an den geraden Armlehnen sind Drechslerarbeiten.

Durch Zusammenfalten, bei dem das Rückbrett ausgehängt werden muss, lässt sich der Stuhl auf ein

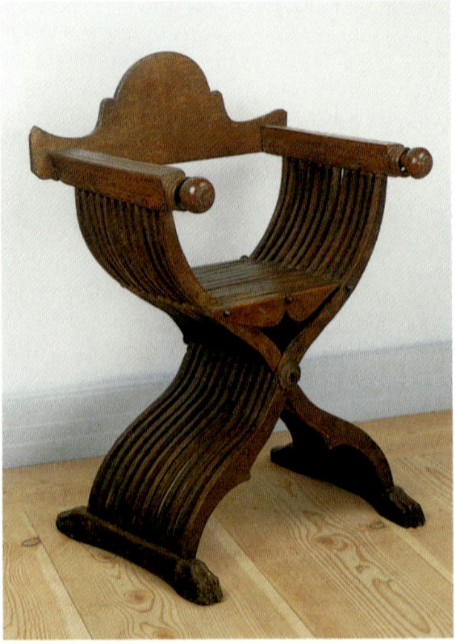

Drittel seiner Breite verkleinern. Diese ursprüngliche Mobilität wurde später aufgegeben, und es entwickelten sich schließlich starre Scherengestelle mit schweren Stützen. Der Stuhl mit seinen Tatzenfüßen und dem wie ein Rundgiebel ausgeschnittenen Lehnbrett besticht durch eine wohlproportionierte Gestaltung. *ASt*

Stollenschrank
Rheinland, um 1550
Eiche
H. 151 cm, B. 91,5 cm, T. 48 cm
Inv. Nr. K 2504

Stollenschränke waren seit dem 15. Jahrhundert fester Bestandteil des Hausmobiliars. Sie dienten gleichermaßen der Präsentation wertvollen Geschirrs – Gefäße, Platten, Kannen – wie als Anrichte. Die Entstehung dieses Möbeltyps ist mit dem Aufkommen der Stollenbauweise verknüpft, die um 1400 im burgundisch-flandrischen Kulturraum ihren Anfang nahm. Kennzeichnend ist die Scheidung von tragenden und füllenden Elementen: dem Gestell aus senkrechten Stollen – abgeleitet vom althochdeutschen Wort *stollo* (= Ständer) – und waagerechten Zapfen- oder Querstücken mit eingelegten Fächern. Das Obergeschoss erhielt eine Rückwand, Seitenflächen und Türen. Der Unterbau blieb nach allen Seiten hin offen. Die rheinisch-westfälische Variante des Stollenschranks besteht meist aus Eichenholz und hat einen erkerartigen, polygonalen Grundriss. Während beim Exemplar im Berliner Kunstgewerbemuseum der Aufbau – vier hohe Pfosten und hervortretender Erker – spätgotischen Mustern folgt, verweist die geschnitzte Ornamentik der Füllungen auf die Renaissance: Das Mittelfeld des Erkers zeigt ein Wappen mit dreiblättrigem Kleeblatt und mit quer gelagertem Ast, umgeben von Rankenwerk und Masken. In den beiden Nebenfächern befindet sich groteskes Rankenwerk. Aufgrund der qualitativ uneinheitlichen Gestaltung der konstruktiven wie dekorativen Teile ist anzunehmen, dass das Möbel in späterer Zeit verändert wurde, sicher-

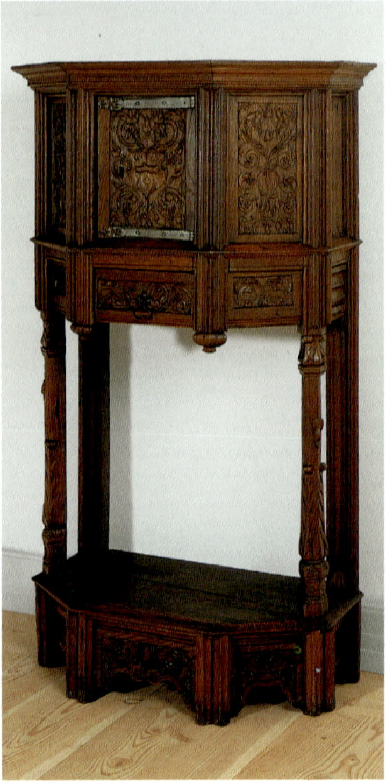

lich noch vor dem Ankauf durch die Königlich-Preußische Kunstkammer im Jahre 1865. So sind die vordere Schublade und das anachronistische gotische Faltwerk der Seitenteile anzuzweifeln. Vermutlich erfolgte die Umarbeitung im Kontext des europaweiten Historismus, der das rar gewordene, oft stark beschädigte Mobiliar aus Mittelalter und früher Neuzeit als Vorbild nahm und mitunter radikal dem Zeitgeschmack anpasste. *WCo*

Zimmervertäfelung aus Schloss Höllrich bei Gemünden

Unterfranken, um 1555
Konstruktionshölzer: Kiefer, Tanne, Eiche; Schnitz- und Drechselarbeit: Eiche, Linde; Furniere: Riegelahorn, Eiche, Esche und verschiedene Obsthölzer, teilweise gefärbt, brandschattiert; Nischenbeschläge: Eisenblech, verzinnt; Türbeschläge: Eisen, geschmiedet
Raumgröße: H. 285 cm, B. 587 cm, T. 756 cm
Inv. Nr. 1883,751

Beim Betreten der Prunkstube aus dem fränkischen Schloss Höllrich zeigen sich dem Besucher Wände, die durch eine klare, auf Kontrasten fußende architektonische Gliederung bestimmt sind. Über dem mit Quadersteinen besetzten Sockel und dem kräftigen Gurtgesims verlaufen im Haupt- wie Attikageschoss Arkadenstellungen, die schlichte und aufwändige Felder rhythmisch aufeinander folgen lassen, sie jedoch nicht Geschoss übergreifend zu Achsen zusammenbinden. Wie bei einer Fassade kommt es durch die beiden Arkadengeschosse zum Spiel von Innen und Außen. Dieses Wechselspiel speist sich aus den Kontrasten zwischen der vorgeblendeten Architektur und den fein geriegelten, im Licht hell schimmernden glatten Ahornflächen, die zwischen den Pilastern immer wieder helle Durchblicke vorspiegeln. Es gehört zur Besonderheit des Getäfels, dass diese Wirkung durch die subtil differenzierte Farbigkeit der Hölzer erreicht wird.

Über dem für seine Größe niedrigen Raum spannt sich das Relief einer tief kassettierten Decke, die in ihren Füllungen 16 farbige, zum Teil versilberte und vergoldete Wappenmedaillons trägt. Dem Besucher werden auf den Wappenschilden die Ahnen des um 1560 auf Höllrich herrschenden Ehepaars vorgestellt: der Ritter Otto Wilhelm von Thüngen und seine Frau Anna Zobel zeigen ihre beiden Wappen mittig vor dem Fenster. Von dort aus wird in vier Reihen jeweils die mütterliche und väterliche Linie der beiden Familien entwickelt. Mit der Vermählung des Brautpaars lässt sich die Entstehung des Getäfels zwischen 1551 und 1561 datieren. Zur Pracht der Decke gehören auch die kleinen geschnitzten Medaillenköpfe, die auf

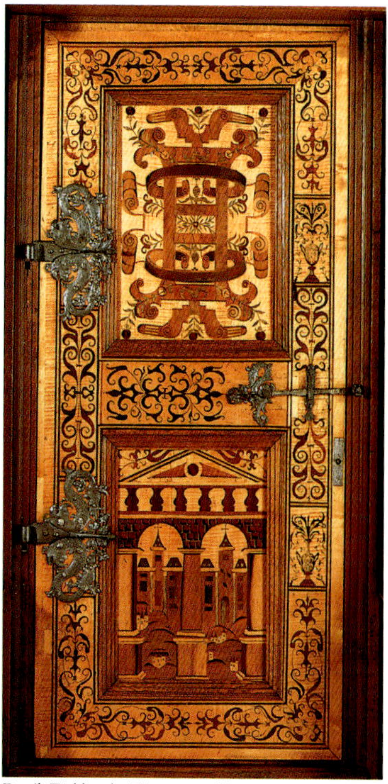

Detail: Türblatt der Zimmervertäfelung

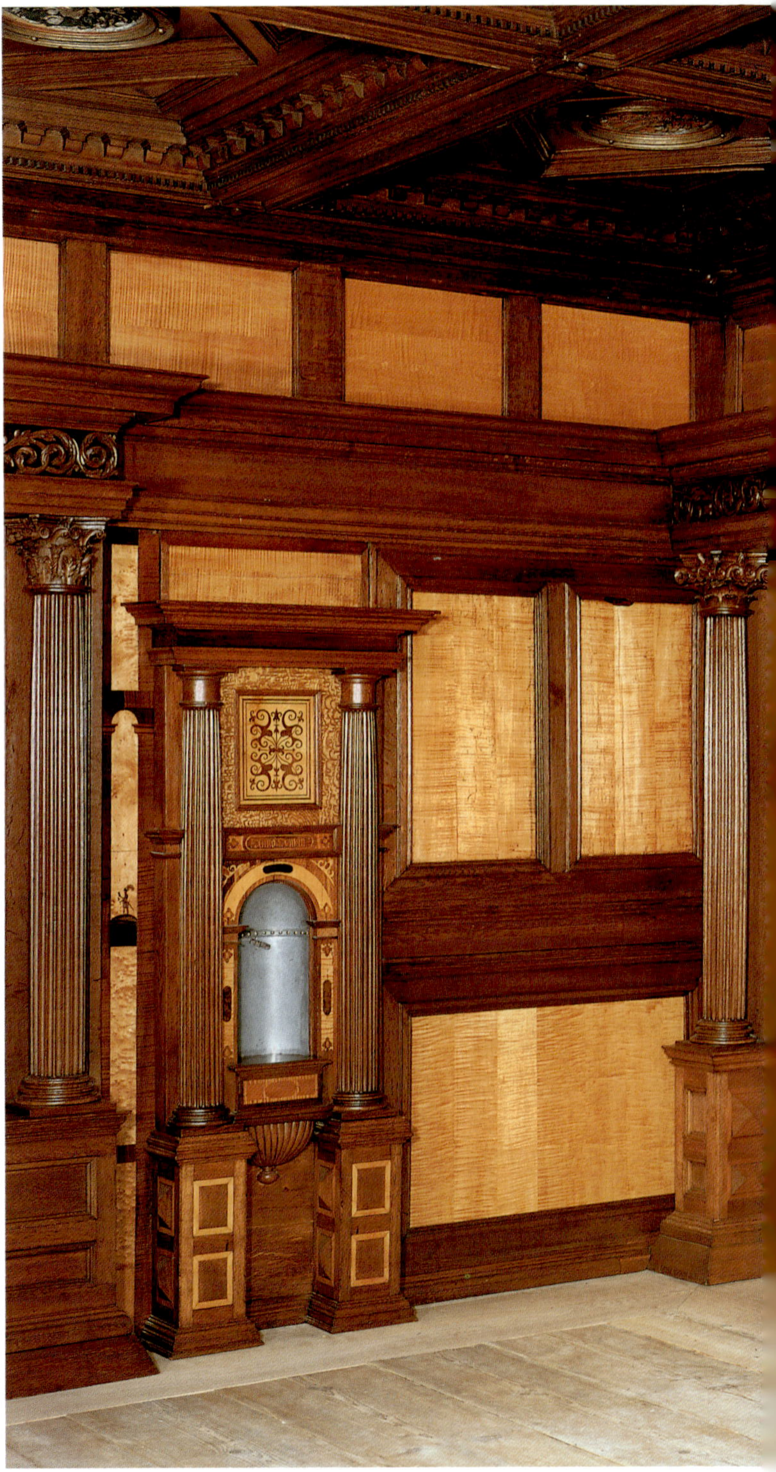

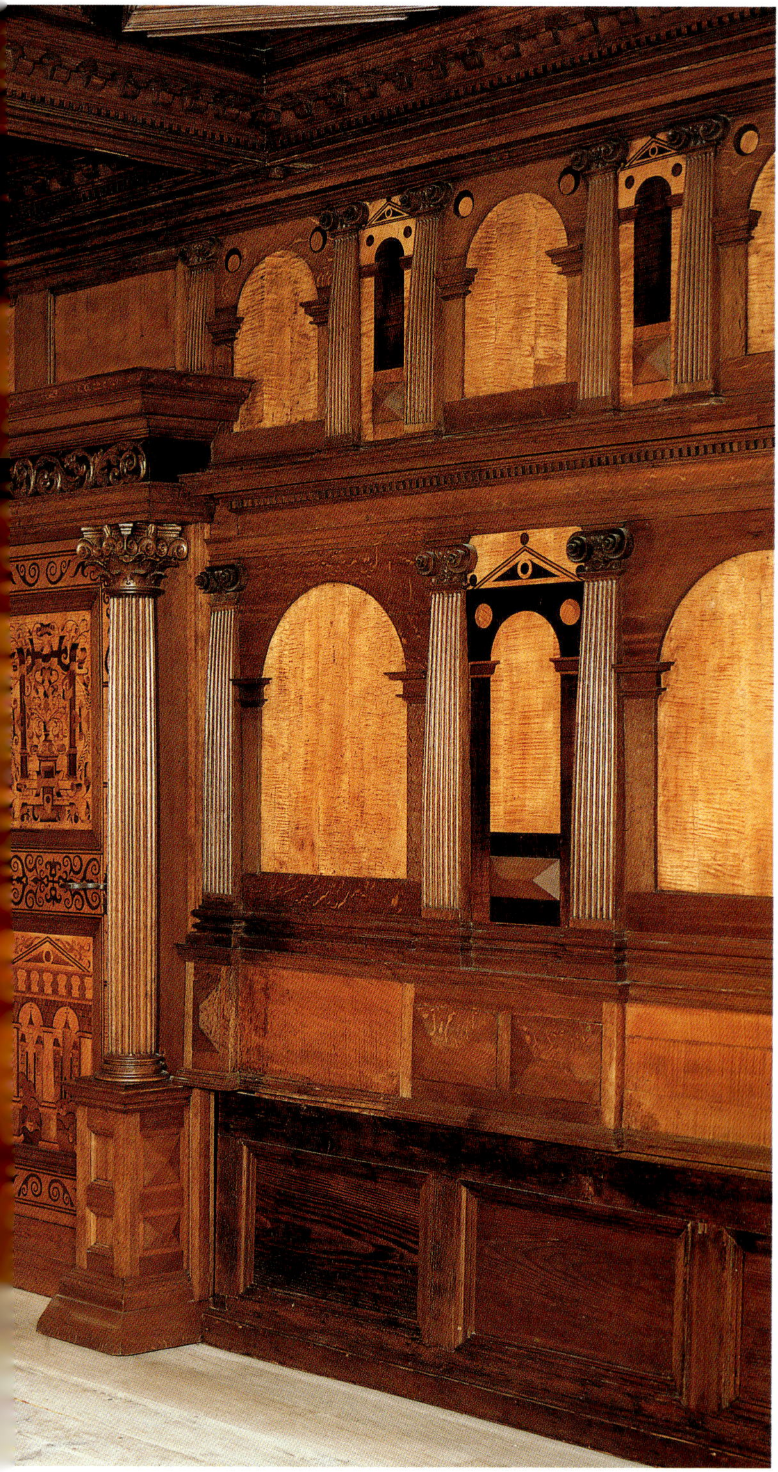

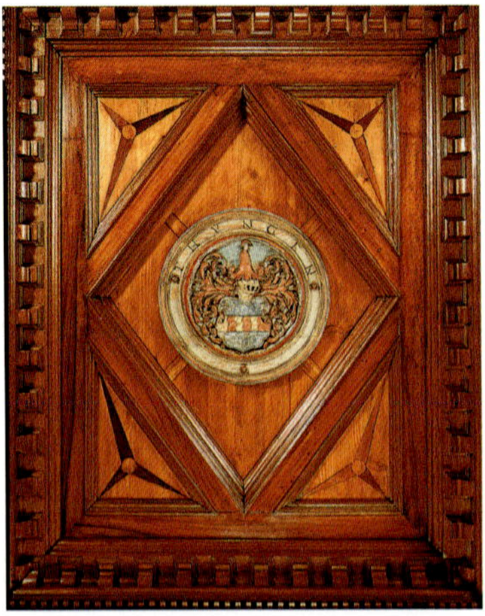

Detail: Kassettenfeld der Decke der Zimmervertäfelung

den 30 Kreuzungsquadraten der Kassettierung sitzen und Darstellungen aus der Welt der Könige, Ritter und Dämonen zeigen.

Otto Wilhelm hatte den im fränkischen Flecken Höllrich gelegenen Renaissancebau zu einer dreiflügeligen Schlossanlage mit Treppentürmen an den Ecken ausgebaut, die von einem Wassergraben umgeben war. Im Obergeschoss des nach 1550 neu erbauten Ostflügels lagen die beiden Hauptwohnräume der Herrschaften – unsere mit den Wappen verzierte Stube und die über das Seitenportal angrenzende Schlafkammer. Die Wände der Schlafkammer waren mit figürlichen Wandmalereien sowie dem Allianzwappen des Brautpaars geschmückt. Zusammen bildeten sie ein »Stuben-Apartement«, Ausdruck des seit Beginn des 16. Jahrhunderts deutlich zunehmenden Komforts im herrschaftlichen Wohnen. Die mit ihren Wappen und der strengen Architektur ihrer Wände sehr repräsentative Stube war besonders hell – kein zweiter Raum im Schloss hatte drei große Doppelfenster – und gut geheizt, denn im Unterschied zum Kamin gibt der Kachelofen seine Wärme gleichmäßig ab. In der Ecke rechts vom Eingang wurde der Ofen vom Vorraum aus befeuert. Auf diese Weise blieb die Stube sauber und die Feuergefahr war geringer. Zudem trat dadurch die Arbeit des Holzknechts in den Hintergrund. Das zinnerne Lavabo am Portal bot als Handwaschbecken besonders beim Speisen zusätzlichen Komfort. Der Reichtum des Getäfels gipfelt in seinem Hauptportal, das mit fein kannelierten Doppelsäulen und hohen Postamenten an eine Ehrenpforte der Festarchitektur erinnert. Die Marketerie, d.h. die Furnierarbeiten der Türen, das Schnitzwerk und die reiche schmiedeeiserne Ausschmückung der Türbänder sind schöne Beispiele für die fränkische Renaissancekunst, die Vieles dem beherrschenden Einfluss aus Nürnberg verdankte. *ASt*

Intarsierte Truhe

Augsburg (?), 2. Hälfte 16. Jahrhundert
Konstruktionsholz: Fichte; Profile und Schnitzwerk: Nussbaum; Intarsien: Ahorn (teilweise gefärbt), Zwetschge, Esche, Pappel; Beschläge: Eisen
H. 106 cm, B. 191 cm, T. 74,5 cm
Inv. Nr. 1878,504

Die auffallend hohe Truhe ist von einem für die süddeutsche Renaissance typischen Aufbau. Sie besteht aus einem Sockel mit kräftigem Fuß- und Zwischengesims und einem darauf gesetzten Kasten mit seitlichen Eisengriffen und flachem Deckel.

Die reiche Gliederung der Truhenfront entsteht durch architektonische Elemente wie Pilaster mit geschnitzten Kapitellen, Postamente, Scheinmauerwerk, Nischen und Bogenstellungen. Drei Doppelachsen bilden das vertikale Grundgerüst: dazwischen liegen zwei große Flächen mit Arkaden und darunter im Sockel hinter profilierten Füllungen zwei Schubkästen. Wie die frei schwebenden Doppelpilaster in der Mitte und die Proportionen der einzelnen Elemente zeigen, handelt es sich hier weniger um eine architektonisch aufgebaute Gliederung als

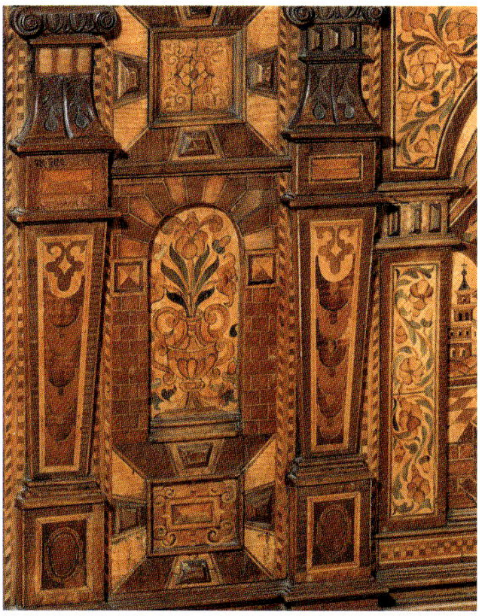

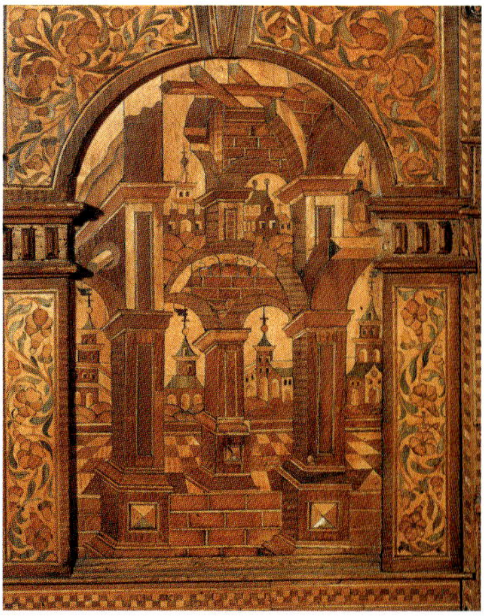

Details: Intarsierte Truhe

um eine proportioniert zusammengesetzte Front aus vorgeblendeten architektonischen Versatzstücken. In dieser ornamental verstandenen Gliederung sind in einem *horror vacui*, also einer »Scheu vor der Leere« alle verfügbaren Flächen von Intarsien überzogen. Darunter finden sich viele für den süddeutschen Raum charakteristische Intarsienmotive wie stilisierte Blumenranken, mit Blumen gefüllte »Maikrügl«, Quadermauern und Beschlagwerk. Im Mittelpunkt stehen jedoch die beiden großen perspektivischen Scheinarchitekturen, die durch ruinenartige und unvollendete Bögen den Blick auf kleine Architekturveduten mit Türmen freigeben.

Auch in der Spätrenaissance ist die Truhe – gemeinsam mit dem neueren großen Fassadenschrank – das bedeutendste Ausstattungsstück eines wohlhabenden Haushalts. In diesen beiden eng verwandt gestalteten Kastenmöbeln wurden die wertvollen Haustextilien, das »Weiß- und Tischzeug«, aufbewahrt. *ASt*

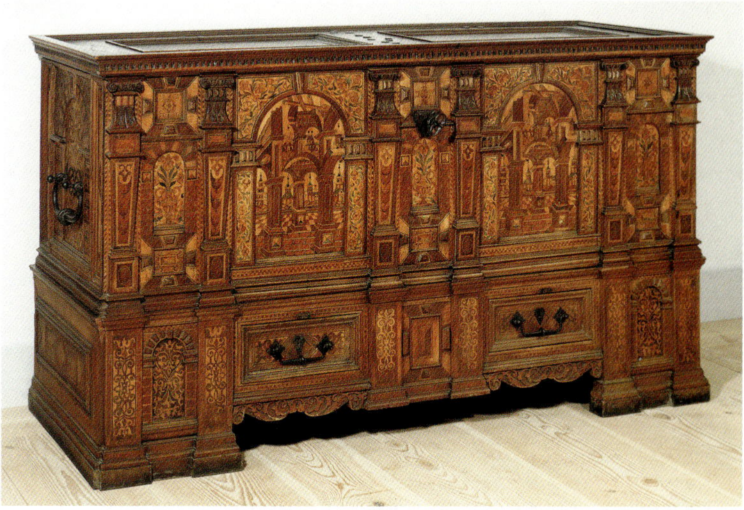

Marketiertes Füllungsbild
Ulm (?), 3. Viertel 16. Jahrhundert
Konstruktionsholz: Nadelholz;
Marketerie: Ahorn, Nussbaum,
Nusswurzel, Pflaume und andere
Obsthölzer, Vogelaugen- und Wurzelahorn, teilweise brandschattiert und
gefärbt; Rahmen: Nussbaum
H. 87 cm, B. 70 cm
Inv. Nr. K 2621

Rahmung und Montage der beiden spiegelbildlichen, nahezu identischen Bildhälften dürften aus dem frühen 19. Jahrhundert stammen. Wahrscheinlich lagen die beiden Architekturveduten ursprünglich nebeneinander in einer Truhenfront. In Wetzlar (Slg. Lemmers-Danforth) hat sich eine flache Truhe erhalten, die in ihrer Front zwischen Lisenen mit Beschlag- und Schweifwerk zwei vollkommen identische Füllungsflächen trägt.

Mit dem einzelnen querrechteckigen Marketeriebild findet sich der Betrachter auf der steinernen Terrasse eines verlassenen Gebäudes wieder. Sein Blick streicht über ein von Ranken bewachsenes und mitunter aufgesprengtes schweres Mauerwerk, über einen versiegten Springbrunnen und wird durch drei torhallenartige Arkaden über steinerne Balustraden auf die sich dahinter ausbreitenden Trümmer einer Ruinenlandschaft hinaus gezogen. Verstärkt wird der Eindruck des Zerfalls durch die Unsicherheit des Betrachters über seinen eigenen Standort: Während die Darstellung zunächst den Gesetzen der Perspektive zu folgen scheint, erweist sich bei näherer Betrachtung, dass jeder der Durchblicke einem eigenen Fixpunkt folgt, die Horizonte auf unterschiedlichen Höhen liegen und sich vorn und hinten, nah und fern verlieren. In der Marketerie zeigt sich der Versuch, mit der virtuos beherrschten Holztechnik andere Gattungen der Künste zu imitieren – hier werden Elemente der Malerei und der Architektur verknüpft. *ASt*

Wandbehang mit Liebespaaren
Basel, 1548
Wollwirkerei mit Goldbrokatfäden
H. 84 cm, B. 178 cm
Inv. Nr. K 6213

Dieses Gewebe besaß ursprünglich eine kräftige Farbigkeit. Die dunklen Grüntöne des Hintergrunds sind durch die Einwirkung des Tageslichts nach Blau, das helle Grün des Wiesengrunds nach Beige verschossen. Einzelne Partien wie Augäpfel, Fin-

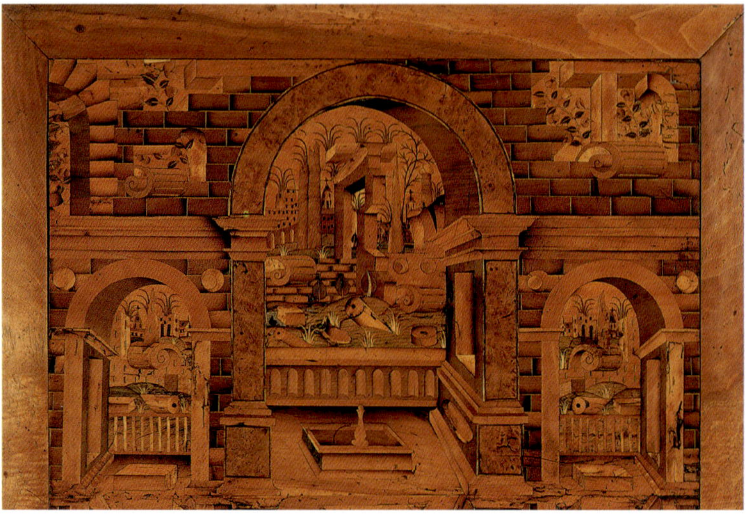

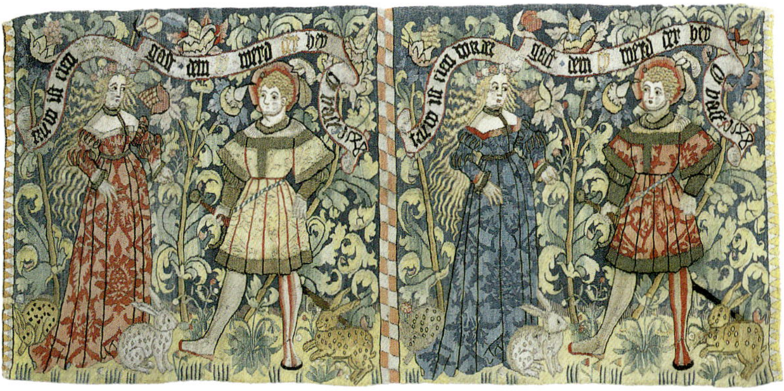

gernägel, Blüten, Brusteinsätze und Schriftbänder leuchten aus den gedeckten Wollfarben heraus, weil hier gebleichtes Leinen verwendet wurde. Dargestellt ist offenbar eine Liebesallegorie. Darauf verweisen Schriftbänder und Symbole: der Blütenkranz im noch offenen Haar der beiden Mädchen (verheiratete Frauen trugen ihr Haar gebunden), die Hasen als Symbole der Fruchtbarkeit oder die energische Haltung und der Griff der Jünglinge an den Schaft ihres langen Schwerts. Auch das Muster der Gewänder – der Granatapfel – galt wegen seiner vielen Samen als Sinnbild der Fruchtbarkeit. Die Pflanzen sind ebenfalls Symbolträger und den Figuren entsprechend zugeordnet. Der Spruch, in alemannischem Dialekt, besagt in etwa: »Treue ist ein geschätzter Gast, wem sie teuer ist, der halte sie fest«. Bei diesem datierten Wandbehang könnte es sich um ein Brautgeschenk oder um das kostbare Stück einer Aussteuer handeln. Die Kleidung der jungen Leute lässt – der Kleiderordnung der Zeit nach – auf wohlhabende Gesellschaftskreise schließen, denn es war nicht jedem erlaubt, kostbare Brokatstoffe, Pelz oder ein Schwert zu tragen. Durch das Fehlen von Wappen lässt sich aber keine Zuordnung zu einem bestimmten Ereignis vornehmen.

Während des 16. Jahrhunderts kam es in einigen Städten der Schweiz zu einer Blüte der Textilkunst: Bettvorhänge, Rücklaken, Kissen, Wand- und Tischteppiche sind überliefert. Bei der Entstehung solcher Bildwirkereien arbeiteten spezialisierte Handwerker zusammen: Spinner, Färber, Spuler und Hersteller von Seidenfäden sowie von Silber- und Goldlahn, Stempelschneider für die Muster und professionelle Schreiber für die Spruchbänder. Gewebte, gestickte oder gewirkte Textilien schmückten Möbel und Wände und trugen dazu bei, die Räume warm zu halten. Das relativ kleine Format dieses Behangs deutet darauf hin, dass er wohl für eine bürgerliche Wohnstube gedacht war. Dort hingen derartige Gewebe über Sitzmöbeln oder Truhen. *SN*

Willkomm-Pokal der Nürnberger Schuhmacher

Nicolaus Horchhaimer
Nürnberg, um 1565
Zinn, gegossen und graviert, Bronze, Messing
H. (mit Deckel) 70,5 cm
Inv. Nr. O-1969,115

Zinngefäße wie Willkomm-Pokale, Schleif- und Schenkkannen sowie Becher besaßen im Rahmen der zünftigen Traditionen genau festgelegte Funktionen. Bei Gesellen- oder Meisterwerdungen, bei Rechtsakten und bei den regelmäßigen Zusammenkünften der Zunft fanden sie ebenso Verwendung wie bei der Willkommen-Heißung von Gästen.

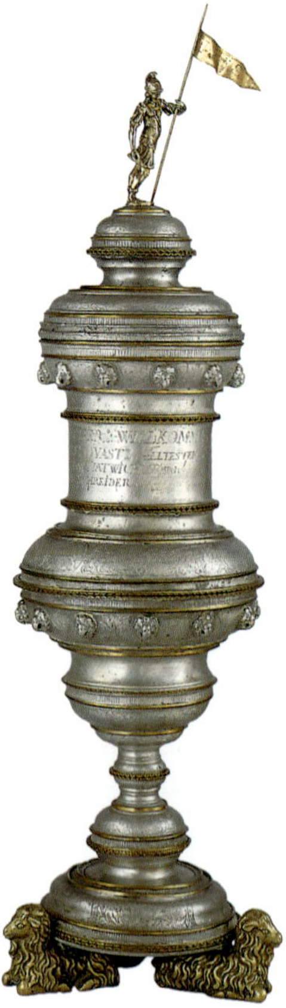

Als genossenschaftliches Eigentum waren sie zugleich Ausdruck des sozialen Rangs der jeweiligen Zunft. Aufbewahrt und bei zünftigen Anlässen ausgestellt wurden der Willkomm und das übrige Zunftzinn in Zunftladen, die auch die Gestalt repräsentativer Buffets annehmen konnten (S. 55).

Der aus Koblenz stammende Zinngießer Nicolaus Horchhaimer († 1583), der 1561 in Nürnberg das Meister- und Bürgerrecht erhielt, fertigte den ungewöhnlich großen Willkomm im Auftrag der Nürnberger Schuhmacher. Diese sollen ihn der Überlieferung nach ihrem berühmten Altmeister Hans Sachs 1569 zum 75. Geburtstag geschenkt haben. Aus diesem Grund ist das Gefäß auch unter dem Namen »Hans-Sachs-Pokal« bekannt geworden. *LL*

Schnabelkanne mit Montierung

Werkstatt des Christian Knütgen (?)
Siegburg, 3. Viertel 16. Jahrhundert
Graues Steinzeug mit Reliefdekor
H. 28 cm
Inv. Nr. K 1393

Die Rheinlande mit Köln/Frechen und Siegburg waren das Zentrum der frühen Steinzeugherstellung. Die Siegburger Gefäße zeichnen sich durch eine hellgraue gesinterte, d.h. wasserdichte harte Masse aus, die im Brand durch eingeworfenes Salz eine glänzende Oberfläche erhielt. Bei entsprechendem Eisengehalt bildeten sich bräunliche Flecke. Dem Renaissancestil folgend wurden die Gefäße mit reichem Ornament (Groteske, Rollwerk) oder figürlichen Szenen aus Antike oder biblischer Mythologie geschmückt. Man fertigte es mit Hilfe von Modeln oder Stempeln. Als Vorlage diente die Druckgrafik bekannter Meister wie Hans Sebald Beham, Virgil Solis, Theodor de Bry oder Hans Aldegrever. Die am häufigsten verwendete Gefäßform war die schmale, hohe, konisch zulaufende Schnelle. Schnabelkannen mit Steg galten als Sonderformen und waren speziell für Wein gedacht. Den Schmuck bildet hier ein Fries aus gerollten Blattranken und eine bärtige Maske am Tüllenansatz. *ChK*

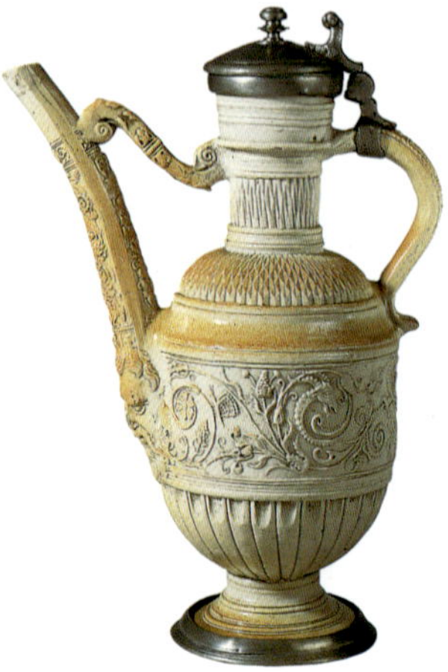

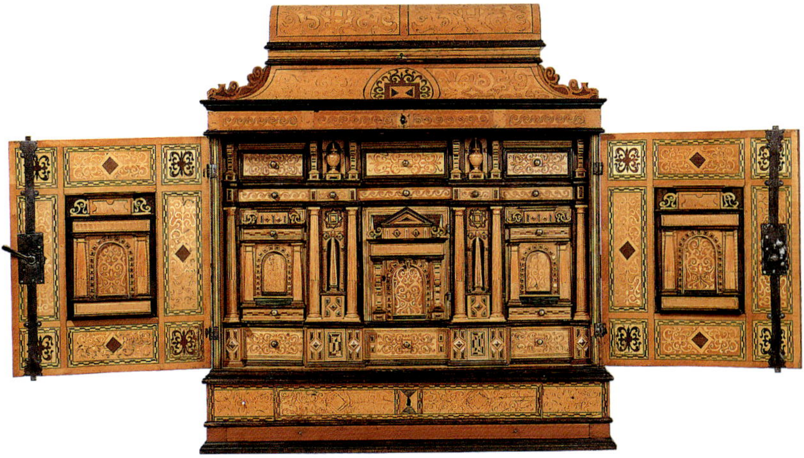

Kabinettschrank mit Schreibpult (Reisesekretär?)
Süddeutschland oder Tirol,
Ende 16. Jahrhundert
Konstruktionshölzer: Eiche, Ahorn, Kiefer, Buchsbaum; Furniere: Eiche, Esche, Ahorn, Zwetschge, Pappel (grün gefärbt); Metalle: Eisen (gebläut und vergoldet), Messing (geprägt und vergoldet)
H. 88 cm, B. 82 cm, T. 41 cm
Inv. Nr. W-1965,17

Auf einem flachen Sockel sitzt der Kabinettschrank mit einem hochgewölbten Dach, das der verbreiteten Kastenform ihre charakteristische Note verleiht. Seine beiden Türen tragen breite, mit Beschlagwerk marketierte Rahmen, in denen zwei bewaffnete Reiter zu sehen sind, die eine Kurbette, also einen Bogensprung reiten. Wie Reiterstandbilder erheben sie sich übergroß vor dem Hintergrund kleiner Stadtveduten und sprengen gleichsam aus den ihnen zugedachten Rahmen hervor. Dieser bewegte und plastische Effekt wird durch kleine Überschneidungen erreicht, mit denen Schweif, Federbusch oder Vorderlauf vor den Bildrahmen liegen.

Das Innere des Möbels zeigt die gewohnte horizontale Dreiteilung in Sockel, Mittelwand und Fries wie auch den vertikalen Rhythmus von drei Achsen. Im Unterschied zur Außenseite vor Sonnenlicht und mechanischen Beschädigungen geschützt, werden hier in der Marketerie die ursprüngliche Farbigkeit und die kontrastreiche Zeichnung sichtbar, die durch die subtile Auswahl der Hölzer und Einfärbungen erreicht wurde.

Die Kombination verschiedenster Gebrauchsmöglichkeiten ist charakteristisch für diese vermutlich aus Tirol stammenden Kabinettschränke. Im Inneren, lassen sich aus dem Sockel ein Schreibpult und ein Spielbrett herausziehen. *ASt*

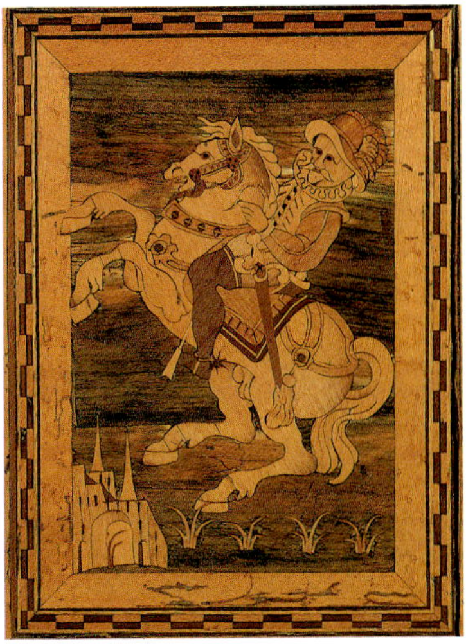

Detail: Außenseite einer Tür

Doppelgeschossiger Schrank
Süddeutschland, um 1650
Konstruktionsholz: Fichte; Furnier und Massivholz: Nussbaum;
Beschläge: Eisen, gebläut
H. 284,5 cm, B. 270 cm, T. 86 cm
Inv. Nr. 1943,75

Der Schrank zeigt bei seiner Größe eine erstaunliche Feinheit im Detail und Klarheit der Gliederung. Dabei folgt sein Aufbau aus zwei übereinander gestellten Kästen ganz dem seit der Mitte des 16. Jahrhunderts gültigen Prinzip: Das Möbel setzt sich aus Sockel, Untergeschoss, Gurtgesims, Obergeschoss und Kranzgesims zusammen. Die beiden Geschosse werden von Vollsäulen und Pilastern getragen und im Mittelpunkt ihrer Gliederung stehen zwei Ädikulapaare mit aufgesprengtem Giebel und glatt zurückspringenden Füllungsfeldern. Im Obergeschoss herrscht die toskanische Ordnung mit ihren Voluten und in den Giebeln sitzen zwei klar geschnittene Masken, während darunter Diamantquader und glatte Kapitelle größere Schlichtheit ausdrücken. Kostspielige Beschläge und mächtige Schlösser deuten auf die Aufbewahrung von kostbarem Gerät und textilem Zeug in diesem repräsentativen Möbel hin.

Vor allem die Auflösung der reinen Fassade durch die über Eck gestellten äußeren Säulen macht den auch in seiner breiten Proportion der Renaissance verhafteten Schrank zu einem seltenen Beispiel für den Über-

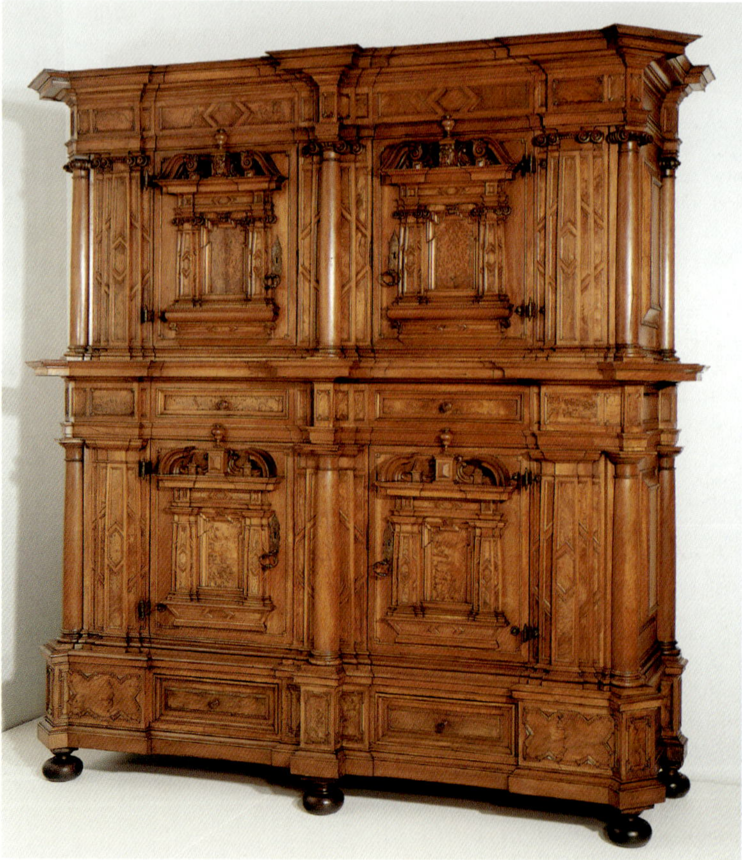

gang zum Barock. Der Blick wird um das Möbel herumgezogen, es gewinnt an Tiefe und Volumen und damit an Eigenständigkeit gegenüber der Wand. Sind die sparsame Verwendung von geschnitztem Dekor, die Betonung der Linearität im Profil und die feinen Diamantbossen der Renaissance verhaftet, so finden sich mit den Spitzpyramiden, den gedrehten Vasen, den in Voluten und Bogen aufgebrochenen Giebeln Elemente des Barock. *ASt*

Zwölfeckiger Tisch
Österreich oder Tirol,
Anfang 16. Jahrhundert
Nussbaum, geschnitzt und furniert;
Unterkonstruktion: Nadelholz;
Platte mit Schiefer eingelegt
H. 83 cm, Dm. 136 cm
Inv. Nr. 1925,26

Der Tisch zeichnet sich durch seine reiche zwölfeckige Platte und den aufwändig konstruierten Tischfuß aus. In das Tischblatt aus Nussbaumholz sind Flächen aus Schiefer eingelegt. Den fest gefügten Stand bilden drei kufenartige Querstützen, die sich aus der Mittelachse herauszudrehen scheinen und auf profilierten Sockeln ruhen. Sie tragen im Zentrum eine sechseckige Säule, die sich nach oben gewölbeartig auffächert. Sie wird dabei von Pfeilern flankiert, die zu Konsolen ausschwingen und den weit überragenden sechseckigen Zargenkasten mit seinen kleinen Schubkästen tragen. Der charakteristische Fuß erinnert in seinem Mittelstück an den Unterbau gotischer Taufbecken.

Neben dem spätgotisch anmutenden Aufbau der Konstruktion ist auch der Dekor gotisch geprägt. So etwa die Helmkrabben auf den Kufenenden, die Pfeilerkonsolen, die dazwischen liegenden Maßwerkfelder und die Zinnenkränze auf der Zarge. Auffällig ist auch der Verzicht auf die der Renaissance verpflichtete Intarsie.

In Wien war der Typus des zwölfeckigen Tischs mit Mittelstütze ab der Mitte des 15. Jahrhunderts in der noch jungen Zunft der Tischler als Meisterstück vorgeschrieben, was den besonderen Stellenwert dieser Möbel verdeutlicht. *ASt*

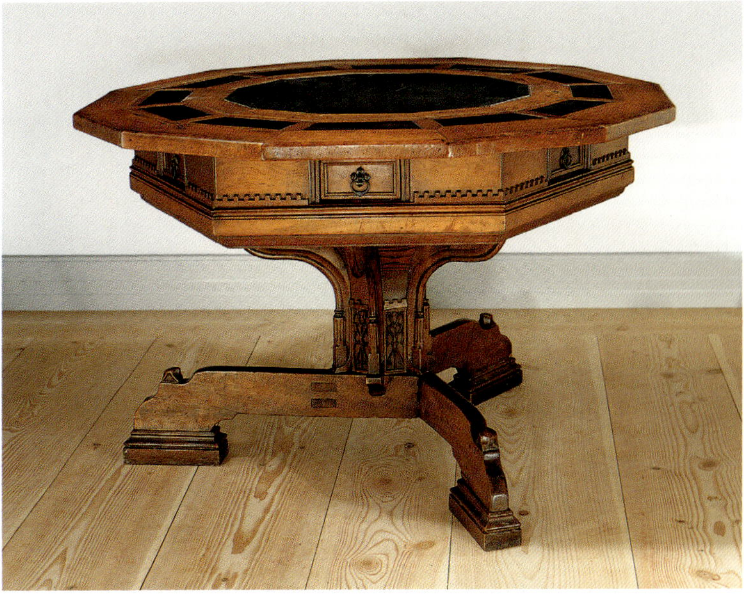

Deckelpokal mit Figur der Diana

Hans Petzolt und Christoph Jamnitzer
Nürnberg, um 1610
Silber, gegossen, getrieben, geätzt und vergoldet; Perlen
Nürnberger Stadtmarke und Meistermarke
H. (mit Deckel) 79,5 cm
Inv. Nr. W-1963,15

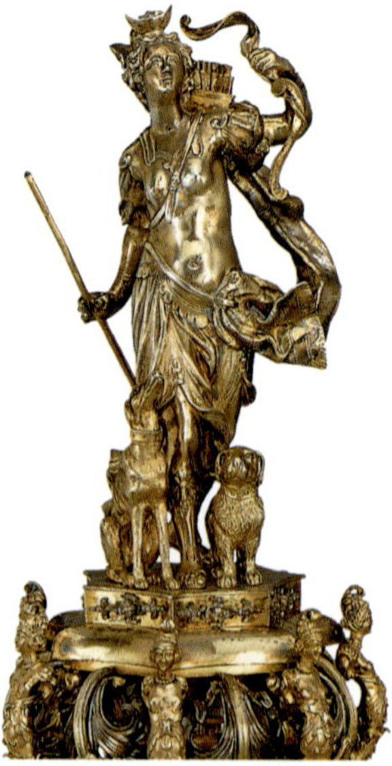

Detail: Jagdgöttin Diana

Die Kostbarkeit des Materials, die Größe und ein üppiger Dekor verleihen diesem Deckelpokal einen repräsentativen Charakter. Sie lassen darauf schließen, dass er eigens zu einem bestimmten, freilich nicht

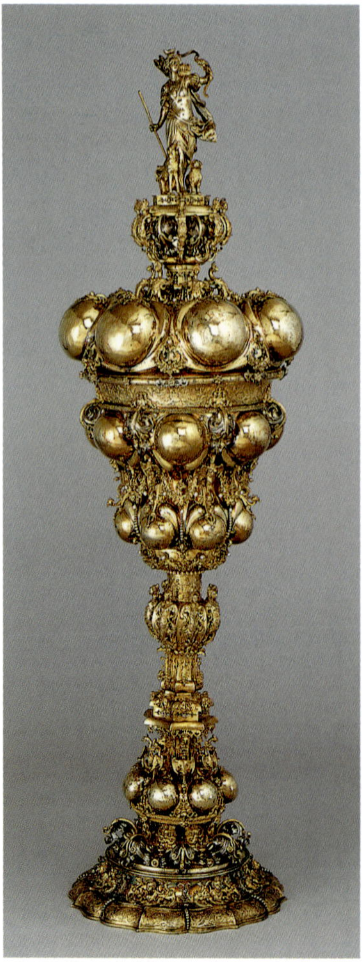

bekannten Anlass gefertigt wurde. Verschiedene Goldschmiedetechniken kamen bei der Ausführung zum Einsatz: Der Gefäßkörper ist getrieben, die vollplastische Deckelfigur und die wiederkehrenden figürlichen Dekorteile sind gegossen, Fuß- und Mundrand geätzt. Perlen akzentuieren die Vertiefungen zwischen den Buckeln. Die Figur der Diana nimmt womöglich Bezug auf den wohl populärsten adeligen Zeitvertreib, die Jagd. Solche Prunkgefäße, bei Festen seitlich der Tafel auf Buffets präsentiert, haben ihre Wirkung auf die Gäste gewiss nicht verfehlt. Der Pokal wird 1793 in einem Inventar des Großen Berliner Silberbuffets (S. 72) genannt. Wie er in den Besitz der Hohenzollern gelangte, ist ungeklärt.

Die Goldschmiedekunst gehört zu den Höhepunkten angewandter Kunst der deutschen Renaissance. Die Handelsstädte Augsburg und Nürnberg waren Zentren dieser Handwerkskunst. Eine Stadtmarke (Punze) auf diesem Pokal verweist auf die Entstehung in Nürnberg, eine Meistermarke auf Hans Petzolt (1551–1633), der im Jahre 1578 von der Nürnberger Goldschmiedezunft das Meisterrecht erhielt. Als Schöpfer vollplastischer Werke ist er nicht bekannt, vermutlich schuf sein berühmter Kollege Christoph Jamnitzer (1563–1618), einer der begabtesten Plastiker seiner Zeit, die Diana-Figur. *SN*

Kaminplatte mit der Anbetung der Heiligen Drei Könige
Philipp Soldan und Heinrich Bunsen
Haina (Hessen), 1615
Eisen, gegossen
H. 136 cm, B. 134 cm
Inv. Nr. AE 310

Die markante Form der dreibogigen Kaminplatte wurde um 1600 mehrfach verwendet. Sie erscheint jedoch stets unterschiedlich geschmückt. Die vier Figuren der Anbetung der Könige auf dieser Platte sind das Werk des Frankenberger Formschneiders Philipp Soldan (um 1500–1575), der neben Modeln für die Eisengusshütte des Klosters Haina auch Holz- und Steinbildwerke schuf und als bedeutender Bildhauer der deutschen Spätrenaissance gilt. Die Nutzung der Gussformen noch ein halbes Jahrhundert nach ihrer Entstehung ist deutlicher Ausdruck eines stilistischen Beharrungsvermögens, das gerade an Eisengussarbeiten häufig zu beobachten ist. Verantwortlich für die Wiederverwendung der Modeln Soldans ist vermutlich sein Schüler Heinrich Bunsen, dem die beiden alttestamentlichen Figuren Gideons und Josuas im oberen Bildfeld zugeschrieben werden. *LL*

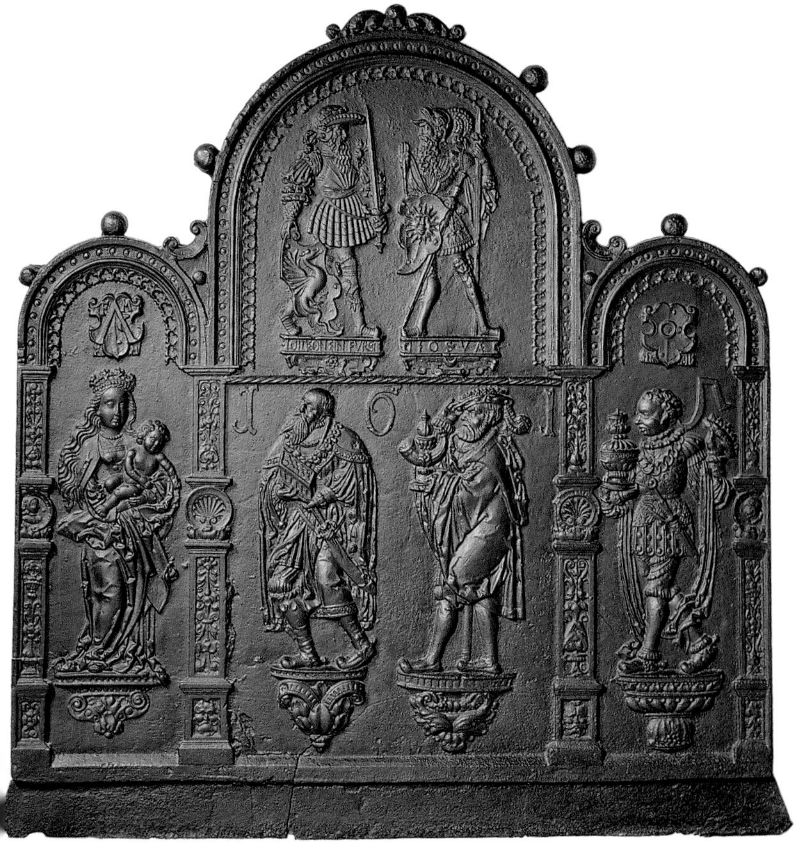

Fenstergitter
Süddeutschland, 2. Hälfte 16. Jahrhundert
Eisen, geschmiedet
H. 76,5 cm, B. 48,5 cm
Inv. Nr. 1871,195

Kunstvolle Gitterwerke für Geländer, Portale und Fenster zählen zu den wenig beachteten Raumausstattungen. Dies ist zum einen ihrem oft schlechten Erhaltungszustand geschuldet, zum anderen lassen sie sich in musealen Räumen nur schwer angemessen präsentieren.

Das aus dem kalligrafischen Formenschatz der Renaissance schöpfende süddeutsche Gitter verschränkt in reizvoller Weise die materialtypischen Motive der Acht und der Raute. Die verschlungene Acht, als Ornament ohne Anfang und Ende Symbol der Unendlichkeit, ist seit dem 16. Jahrhundert weit verbreitet. Die Fenstergitter der Renaissance sind meist in die Wandfläche eingebunden. Erst mit den raumgreifenden Fensterkörben des Barock wird das geschmiedete Gitterwerk zum bauplastischen Detail. *LL*

Bildteppich mit Pflanzen und Tieren
Flandern, um 1550/60
Wirkerei aus Wolle, Leinen und Seide
H. 320 cm, B. 370 cm
Inv. Nr. W-1964,95

Derartige Verdüren (frz. *vert* = grün) waren im 16. Jahrhundert beliebt und verschiedene flämische Orte wett-

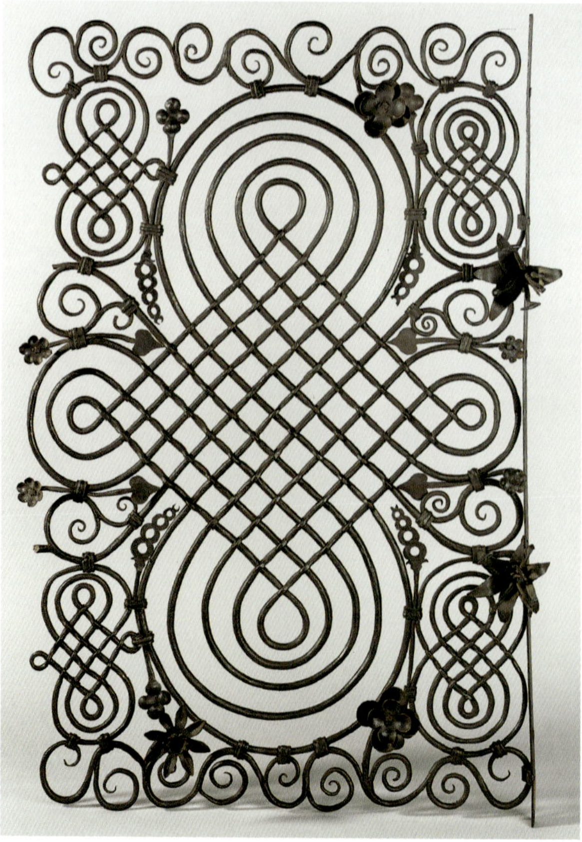

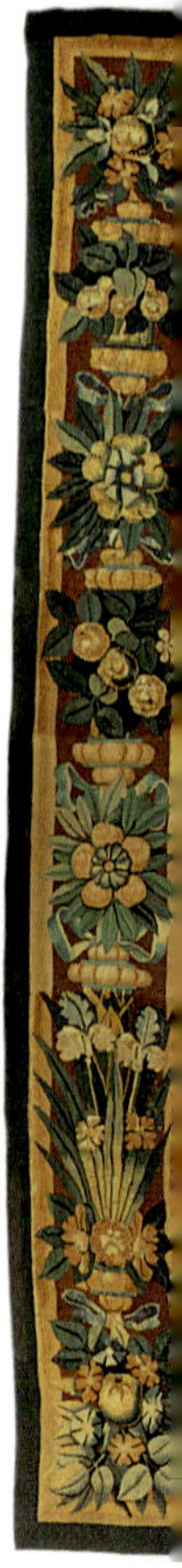

eiferten in diesem Genre. Der heutige Farbeindruck ist nur noch ein Abglanz der ursprünglichen Leuchtkraft. Der Mischton Grün ist nach Blau verschossen, da das mineralische Gelb lichtempfindlicher gegenüber dem resistenteren Blau ist. Eine sorgfältige Lichtstaffelung hebt das Getier und die zarten Pflanzen aus dem dunklen Hintergrund heraus. Die (nicht originale) Bordüre ist deutlich vor das Bildfeld gesetzt. Diese Teppiche dienten als Raumschmuck aber auch zum Schutz gegen Kälte und Feuchtigkeit. Das relativ große Format und die Monumentalität des Bildmotivs setzen entsprechende Räumlichkeiten voraus. Ursprünglich hingen Wandbehänge oft einige Zentimeter von der Wand entfernt um die Luftzirkulation zu ermöglichen. Die heutige schräge Anbringung folgt konservatorischen Erfordernissen zur Entlastung der brüchigen alten Gewebe. Diese Montierung wurde bei allen Wandbehängen in Schloss Köpenick vorgenommen. *SN*

Anrichte *(Dressoir)*
Dijon (?), um 1580
Konstruktionsholz: Eiche; Schnitzwerk: Nussbaum; Beschläge: Eisen
H. 175,5 cm, B. 116 cm, T. 46 cm
Inv. Nr. W-1975,45

Der Möbeltyp des *Dressoirs* hat sich aus den spätgotischen Stollenschränken entwickelt, die zunehmend einer architektonischen Ordnung unterworfen und durch Schnitzarbeit verziert wurden. Besonders reiche

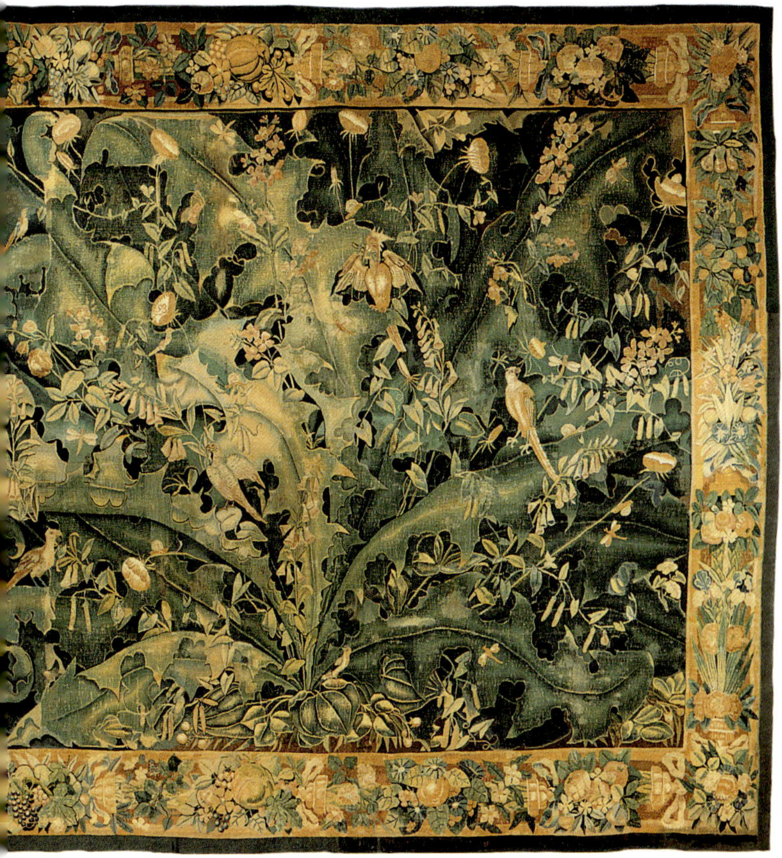

Exemplare erscheinen schließlich als Bildhauermöbel, bei denen die Konstruktion in den Hintergrund tritt.

Dieses *Dressoir* trägt über dem offenen Untergeschoss auf einem stark profilierten Sockel einen Korpus, der durch Hermenpilaster gegliedert ist und oben mit einer starken Platte abschließt: Sie diente zur Präsentation von kostbarem Tafelgerät. In den Füllungen zwischen den Hermen und auf dem Mittelrisalit bilden Masken, Sphingen und Rollwerk einen so reichen Schmuck, dass die Schnitzarbeit über die Füllungsrahmen hervorzutreten scheint.

Im Unterteil des Möbels wird die wichtige Rolle italienischer Vorbilder sichtbar, die in ihren Vorlagenwerken etwa für Tischgestelle vergleichbare Lösungen mit Säulen und konturgebender Skulptur entwickelt hatten. Die kraftvolle Bildhauerarbeit ist in massivem Nussbaum ausgeführt, das mit seiner weichen Patina wesentlichen Anteil an der besonderen Ausstrahlung des Möbels hat. *ASt*

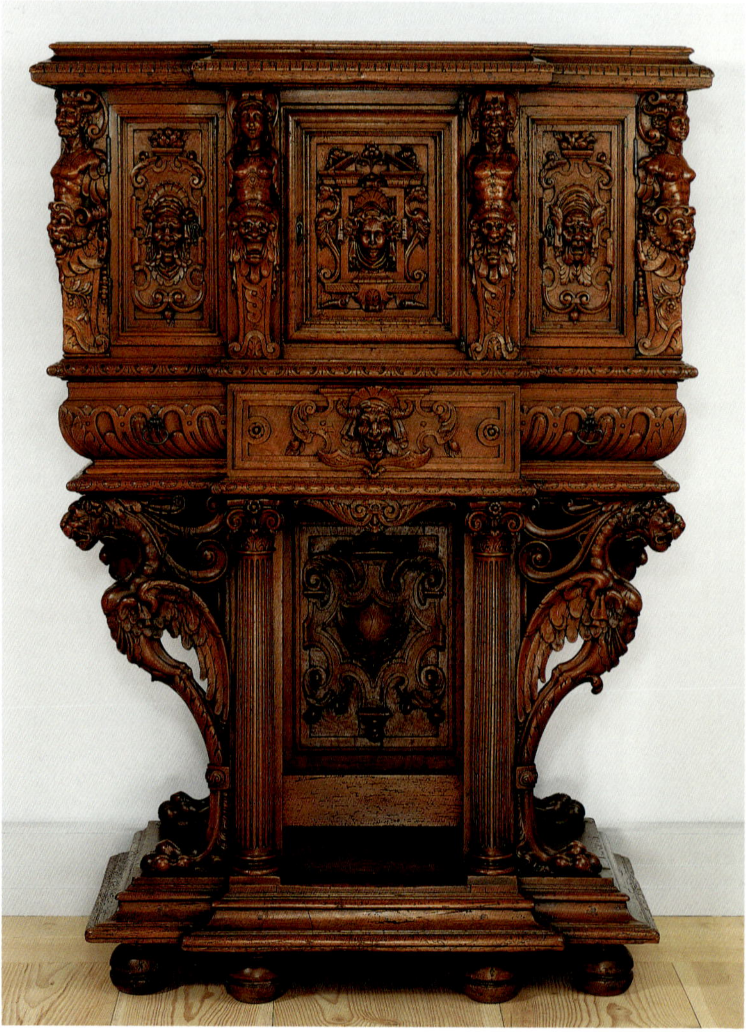

Armlehnstuhl *(Chaise à bras)*
Frankreich, 2. Hälfte 16. Jahrhundert
Nussbaum
H. 111 cm, B. 64 cm, T. 40 cm
Inv. Nr. W-1980,107

Die Gestaltung des Stuhls ist von auffallender Klarheit. Seine Sitzfläche verjüngt sich wie ein Trapez und stößt auf eine hochgestreckte Rückenlehne. Geschweifte Armlehnen vollführen eine weite Öffnung nach vorn, wo sie durch Stützen getragen werden, die in den gedrehten Beinpfosten auch konstruktiv ihre Fortsetzung finden. Nach dem französischen Wort für Plauderei werden diese leichten Stühle häufig *Caquetoire* genannt. Dies war allerdings ursprünglich nur die Bezeichnung für Stühle ohne Armlehne. In einer Zeit, in der bei Hofe schon das Sitzen an sich einer konsequenten Hierarchie unterlag, dienten solche Stühle, auf denen vermutlich ein Sitzkissen lag, offenbar der Konversation in eher privatem Rahmen. *ASt*

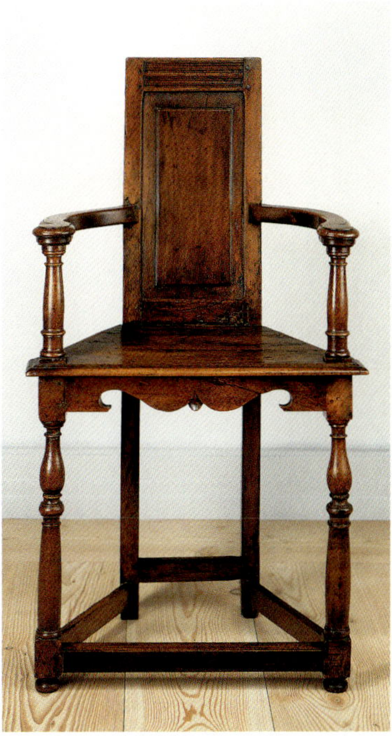

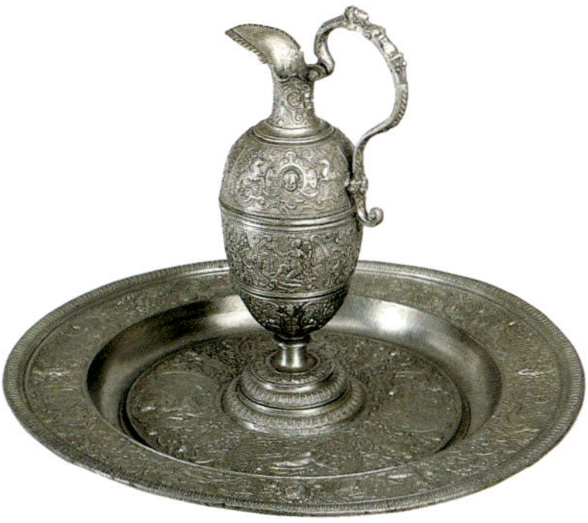

Handwaschbecken mit Kanne
François Briot
Montbéliard (Franche-Comté), um 1585
Zinn, gegossen
Schale: Dm. 45,3 cm
Kanne: H. 29,6 cm
Inv. Nr. O-1969,100/101

Die Handwaschgarnitur, um 1585 von Herzog Friedrich I. von Württemberg bei dem Medailleur, Goldschmied und Zinngießer François Briot (1550–1616) in Auftrag gegeben, ist die berühmteste Reliefzinnarbeit des 16. Jahrhunderts. Sie fand bereits früh zahlreiche Nachbildungen in unterschiedlichen Materialien, von denen sich eine in der Studiensammlung im Dachgeschoss des Schlosses Köpenick befindet. Vor allem die zahlreichen in England entstandenen Kopien des 19. Jahrhunderts trugen zur immensen Popularität der beiden Gefäße bei. Seit 1886 wird eine Kopie des als Temperantia-Schale bekannt gewordenen Beckens der Siegerin des Damen-Tennisturniers von Wimbledon als Trophäe überreicht.

Im Zentrum der Schale, auf dem Untersatz der Kanne, ist in feinem Flachrelief die Namensgeberin Temperantia, die Personifikation der Mäßigung, dargestellt. Die Kartuschen auf dem Spiegel zeigen die vier Elemente, während auf der Fahne die sieben freien Künste mit ihrer Schutzgöttin Minerva dargestellt sind. Die bildliche Botschaft der Schale ist von philosophischem Anspruch: Weise Mäßigung soll die Kräfte des Geistes und der Natur beherrschen. *LL*

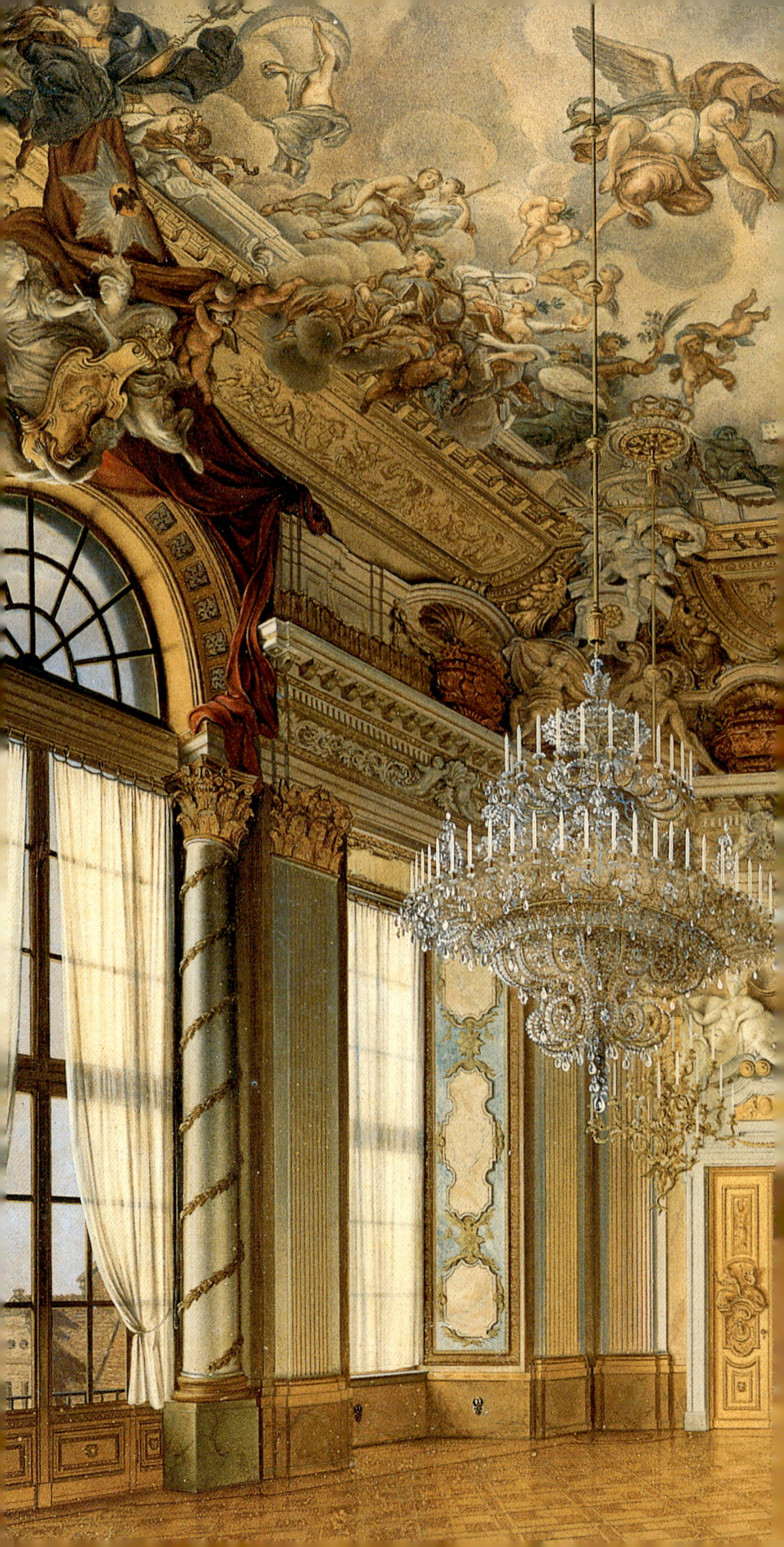

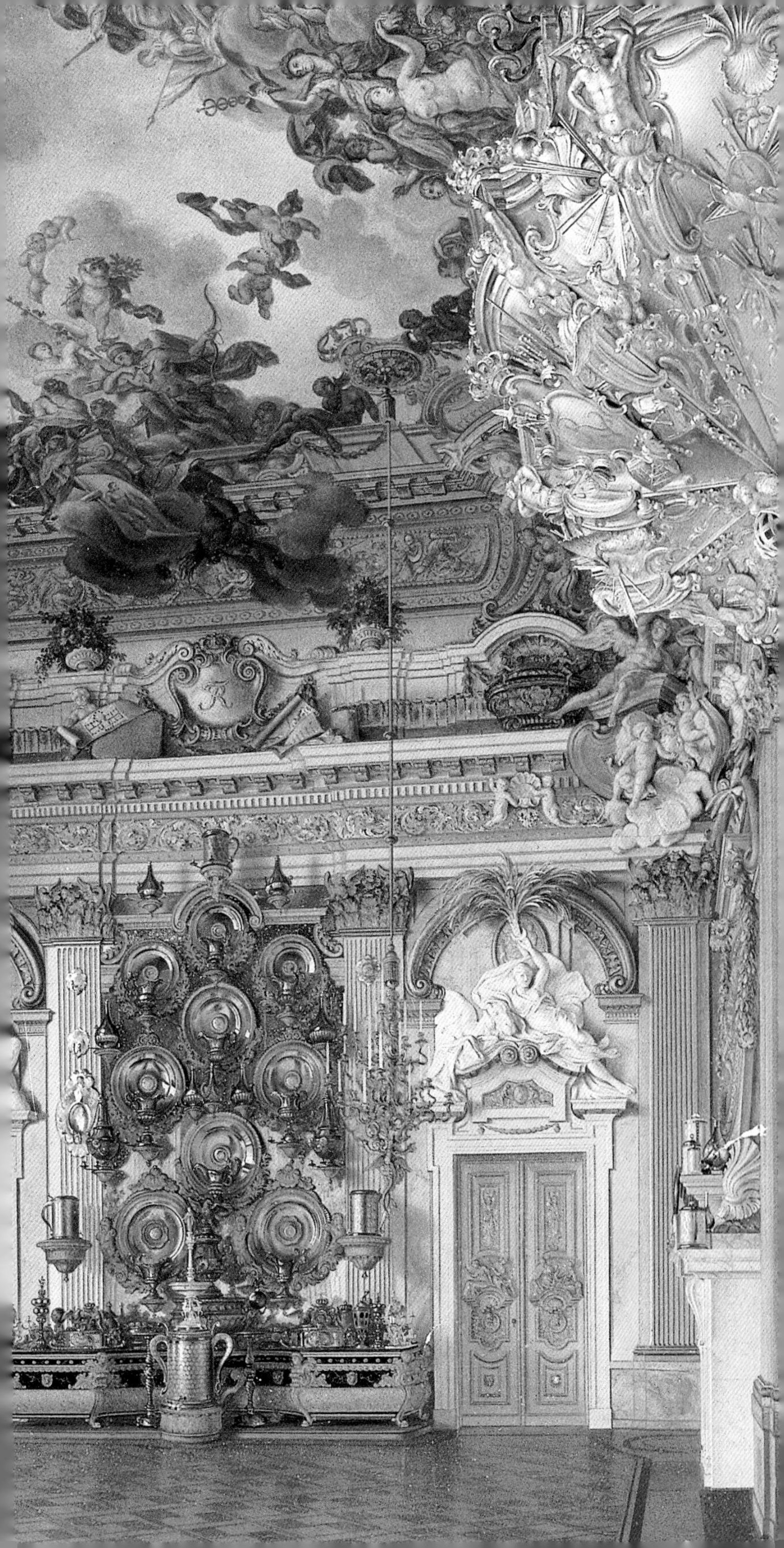

Barock

Zum Maßstab von Macht gehörte im Absolutismus neben der Demonstration militärischer Stärke auch die ostentative Prachtentfaltung. Der Sonnenkönig Ludwig XIV. (1661–1715) gilt als die Verkörperung des absolutistischen Herrschers und Schloss Versailles als Vorbild, nach dem das Leben an den europäischen Höfen als verschwenderisches Fest und permanentes Ritual zelebriert wurde.

Die Inszenierung des Herrschers zielte auf eine monumentale Wirkung und ist zentraler Bestandteil der barocken Raumkunst, die sich in Malerei und Skulptur einer allegorischen Bildersprache bediente. Mitte des 17. Jahrhunderts erreichte sie in Rom unter dem Bildhauer und Architekten der Päpste Gianlorenzo Bernini ihren Höhepunkt. Die hierarchische Natur der barocken Innenausstattung zeigt sich in der *Enfilade* der Herrschaftsräume: Die festgeschriebene Abfolge von Vestibül, Treppe, großem Salon, Paradekammern, Galerie, Empfangsräumen sowie Wohn- und Schlafzimmer spiegelt im Aufwand ihrer Architektur und Ausstattung die Dramaturgie eines auf Kontinuität gerichteten Hofzeremoniells wider. In Versailles umfasste die repräsentative Etikette auch das Schlafzimmer, im Gegensatz zum kaiserlichen Hof in Wien, wo Schlafzimmer und angrenzendes Kabinett privaten Charakter hatten.

Die barocken Luxusprodukte sind fein abgestimmte Gesamtkunstwerke, deren komplexe Konzeption oft in einer Hand lag. Ihre Herstellung war durch königliche Privilegien von den Zwängen der Zünfte befreit und wurde durch die neu gegründeten Kunst- und Wissenschaftsakademien theoretisch und praktisch gefördert. Die Hofhandwerker vereinigten in den Prunkstücken Marketerie- und Schnitzarbeit, feuervergoldete Bronzen sowie die Präzision von Spielwerken und Automaten. Sie verarbeiteten kostbare Materialien wie Silber, Schildpatt, Ebenholz, Elfenbein, Perlmutter, Bernstein und Marmor und schufen repräsentative Ensembles wie die Garnituren aus einem Wandtisch mit großem Spiegel und zwei Leuchterständern *(Gueridons)*. Ihre Vollendung erreichte die Symbiose von reinem Materialwert und hoher Kunstfertigkeit im großen Berliner Silberbuffet als repräsentativem Staatsschatz.

In den holzverkleideten Kabinetten waren Wände und Fußboden mit farbigen Hölzern aufwändig furniert (*Marketerie*) und in Bezug auf Gliederung und Dekor mit der Stuckdecke abgestimmt. Der Raum war als Gesamtkunstwerk konzipiert. Zu den aufwändigsten Raumschöpfungen dieser Art gehörten die Spiegel- und Porzellankabinette. Seit den 1680er Jahren wurde das Spiegelglas als Flachglas gegossen und geschliffen – ein Verfahren, das doppelt so große Spiegelflächen wie zuvor erlaubte. Das Porzellan stammte aus den begehrten fernöstlichen Importen, die vor allem über Amsterdam nach Europa kamen.

Charakteristisch für den deutschen Hochbarock ist der plastische Dekorationsstil, der die architektonische Gliederung des Raums durch freiplastische Elemente betont. Die Ornamentik – Groteske, Maureske und Rankenwerk – gewinnt eine beinahe eigenständige Plastizität, mit der sie aus der Wand heraustritt. Eine zentrale Gegenposition verkörpert der Flächenstil der französischen Klassik. Das vor allem durch die Ornamentstiche Jean Bérains d. Ä. verbreitete *Bandelwerk* entfaltet eine raumklärende Dekoration von gleichsam entmaterialisiertem Charakter. Hier kündigt sich bereits das Rokoko an. *ASt*

Vorhergehende Doppelseite: Der Rittersaal im ehemaligen Berliner Schloss mit dem Großen Silberbuffet (S. 72), Aquarell von Albert Theophron Kjellberg, um 1840

Buffet der Basler Safranzunft
Johann Heinrich Keller
Basel, 1666
Konstruktionsholz: Nadelholz;
Schnitzwerk und Furnier: Nussbaum;
Beschläge: Eisen
H. 372 cm, B. 271 cm, T. 75 cm
Inv. Nr. K 2608

Das stattliche Buffet war das Prunkstück der großen Zunftstube im Haus der Basler Safranzunft. Safran lieferte nicht nur das hoch geschätzte Gelb, es war Medikament und neben Salz, Pfeffer, Zimt, Nelken und Muskat das kostbarste Gewürz.

Die Basler Safranzunft war eine gemischte Zunft. In ihr waren die Gewürzkrämer mit 39 weiteren Gewerken organisiert, darunter so einflussreiche wie die Apotheker, Buchdrucker und Tuchhändler. Sie besaß großes politisches Gewicht und entsprechend war das Bufett eines der prachtvollsten Zunftbuffets überhaupt. Etwa 154 Pfund erhielt der »Tischmachermeister« Heinrich Keller (1627–1708) für sein »gross Nussbäumen Büffet« und der Schlosser fast 16 Pfund »das Büffet zu beschlagen« – zusammen weit mehr als ein Bäcker in zehn Jahren verdienen konnte.

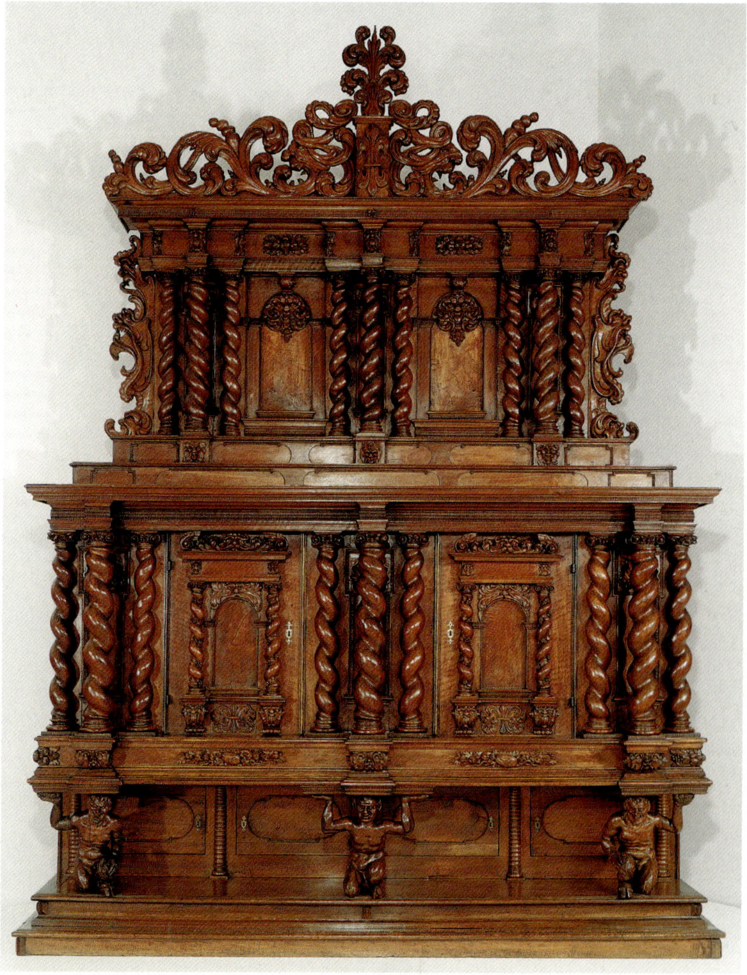

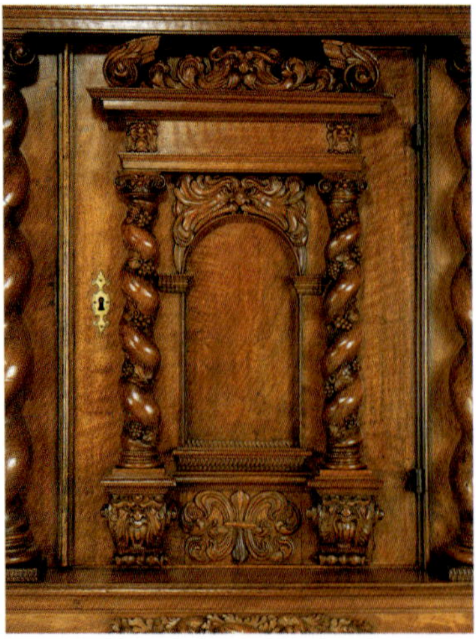

Detail: Tür vom Buffet der Basler Safranzunft

Zur Aufbewahrung und Präsentation von Tafelgeschirr bestimmt, variiert das Buffet den Aufbau der aus Frankreich bekannten Dressoirs. Auf einem Sockel mit drei vollplastischen dämonischen Trägerfiguren ruht ein zweitüriger Halbschrank, über dem eine hohe Aufsatzwand mit Schubkästen im getreppten Sockel weit zurückspringt. Seine besondere Ausstrahlung verdankt das Möbel seiner architektonischen Gliederung, in die sehr kraftvolle Elemente eingebunden sind. Dazu zählen die qualitätvolle plastische Schnitzarbeit mit Knorpelwerk, Masken, Voluten und Fruchtgehängen ebenso wie die starke Bewegung der dreifach gestellten spiralförmigen Säulen und das feine Flimmern der Flammenleisten in den Profilen. Im bekrönenden Giebelaufsatz sitzt inmitten von Akanthusranken das Zunftwappen, das in der Zunftlilie die safranspendende Krokusblüte heraldisch stilisiert. *ASt*

Zwei Truhenfüllungen mit Darstellungen aus der Estherlegende

Norddeutschland, um 1630/40
Eiche, geschnitzt
Jeweils H. 59,5 cm, B. 63,5 cm
Inv. Nr. 1912,21/22

Die beiden Füllungen sind hochwertige Beispiele barocker Schnitzkunst, soweit sie zum Dekorationsprogramm der Möbelausstattung gehörte. Beide waren Bestandteil einer wohl viergliedrigen Truhenfront und verdanken ihren guten Erhaltungszustand nicht nur der Härte des Eichenholzes, sondern auch der Demontage. Dadurch wurden sie vom Schmuck eines ehemals vielbenutzten Möbels in den Rang von eigenständigen Bildtafeln erhoben.

Unter dem Blick eines Puttenpaares entfalten sich in den beiden rahmenden Arkaden zwei mit Figuren dicht gedrängte Reliefbilder, in denen zwei Schlüsselszenen aus der alttestamentarischen Estherlegende zu sehen sind. Im ersten Bild wird Esther vom persischen König Ahasver zu seiner neuen Königin gekrönt, während die zweite Darstellung aus dem weiteren Fortgang der Geschichte stammt: hier erscheint Esther vor dem Thron des Königs, um die Rettung ihres vom Untergang bedrohten jüdischen Volkes zu erreichen. Im Hintergrund wird schließlich über den glücklichen Ausgang berichtet, der mit dem Scheitern des ränkeschmiedenden Haman und seinem Tod am Galgen endet. Die Darstellung folgt einem siebenteiligen Zyk-

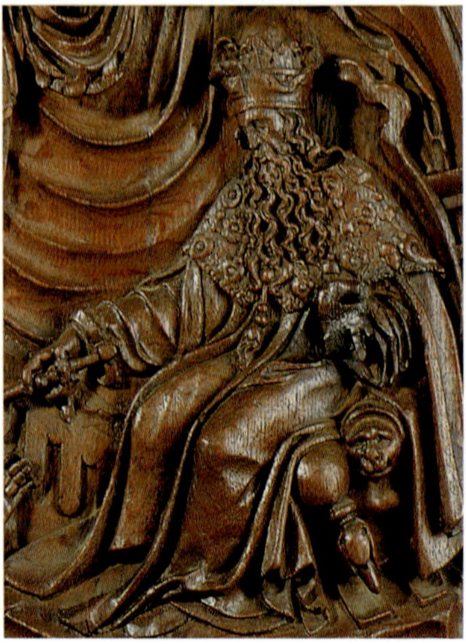

Detail: Truhenfüllung Inv. Nr. 1912,22

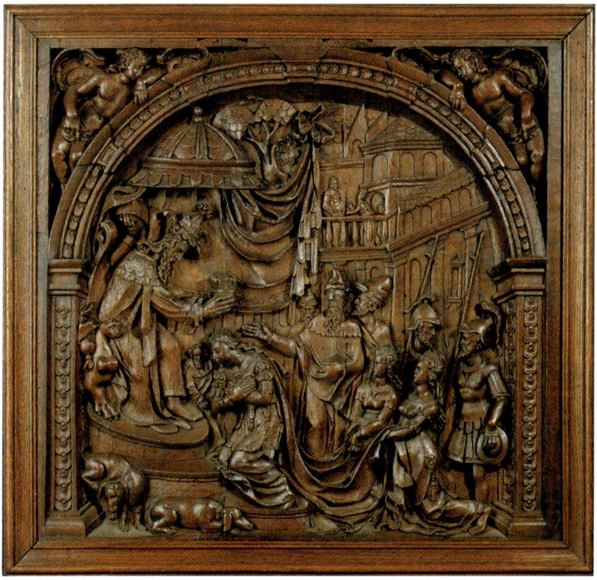

lus von Zeichnungen des Niederländers Maarten van Heemskerck aus dem Jahre 1563, der später durch die Kupferstiche von Philip Galle weite Verbreitung fand. *ASt*

ße glatte Wandung des Gefäßes bot eine ideale Bildfläche für die Malerei, die auf das erkaltete Rohglas aufgetragen und bei relativ niedrigerer Temperatur eingebrannt wurde. *SN*

Reichsadlerhumpen
Böhmen (?), 1644
Graustichiges Glas mit Emailmalerei und Vergoldung
H. 26 cm, Dm. 13,2 cm
Inv. Nr. Hz 1155

Große Humpen mit dem Wappenvogel des Heiligen Römischen Reiches Deutscher Nation dienten vom 16. bis in das frühe 18. Jahrhundert u.a. zu feierlichen Umtrünken bei Rats- und Zunftversammlungen und als Willkomm für den Begrüßungstrunk bedeutender Gäste. Solch repräsentative Gläser wurden vermutlich auch auf Buffets und Kredenzen zur Schau gestellt. Dies demonstrierte Kaisertreue, denn die Wappen auf den Adlerflügeln repräsentieren die politische Struktur des Reiches, d.h. die unterschiedlichen Stände. Das Motiv geht wohl auf einen 1587 datierten Kupferstich zurück. Die gro-

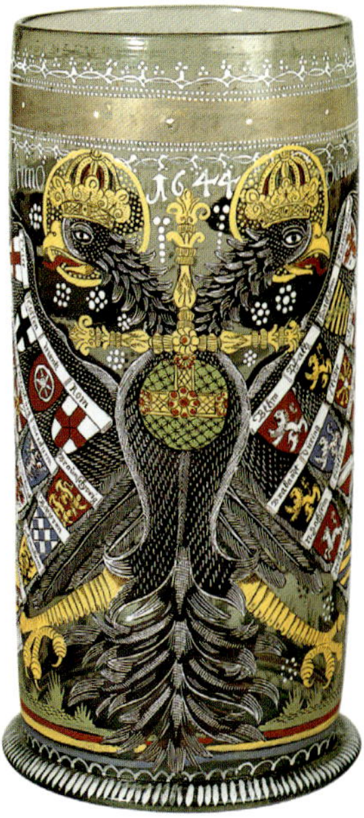

Stilleben mit Kleinodien, Gefäßen und Pistolen in einem Regal
Georg Hinz
Hamburg, nach 1665
Öl auf Leinwand
H. 127 cm, B. 102,5 cm
Inv. Nr. 1898,474

Dieses Stilleben zeigt, was in den Kunst- und Wunderkammern der Renaissance und des Barock gesammelt wurde. In den 15 Fächern eines einfachen Holzkastens sind Kostbarkeiten der Natur und der Kunstfertigkeit aufbewahrt. Ob hier ein reales oder ein imaginäres Kunstkammer-Regal dargestellt ist muss offen bleiben. Mit großem Geschick hat der Maler durch die exakte Wiedergabe der Dinge und ihrer stofflichen Beschaffenheit versucht, das Auge des Betrachters zu täuschen *(trompe l'oeil)*, und ihm vorzuspiegeln, es handle sich bei diesem Gemälde um einen üppig gefüllten Schrank und nicht um eine flache, bemalte Leinwand. Besitzer solcher Bilder konnten auf diese Weise, auch ohne eigene Sammlung, die Bandbreite ihrer Kenntnisse und Interessen demonstrieren. Signiert ist das Werk an prominenter Stelle unter dem großen Elfenbeinpokal »Georg Hinz fe.« (lat. *fecit* = hat es gemacht). Hinz (1630–1688) war auf derartige Stilleben spezialisiert.

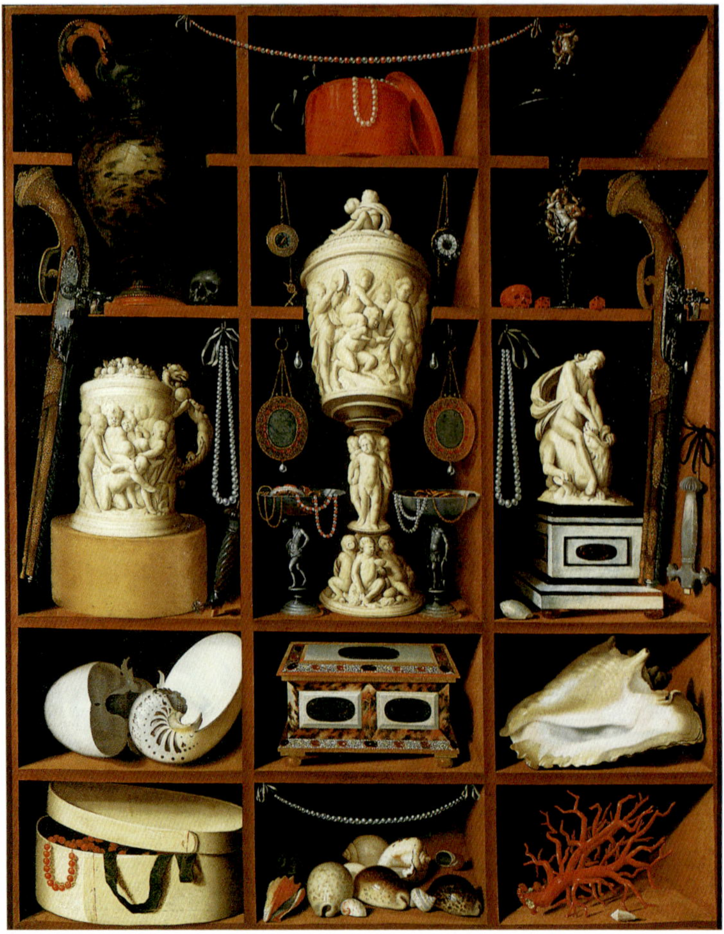

Offenbar standen ihm konkrete Kostbarkeiten vor Augen, denn der dargestellte Deckelpokal ist in einer dänischen Privatsammlung erhalten. *SN*

Kabinettschrank
Augsburg, um 1650
Konstruktionsholz: Eiche, Fichte;
Furnier: Ebenholz; Lapislazuli und andere Steinsorten;
Bronze, vergoldet
Marken: Pinienzapfen (Augsburger Beschau) und »EBEN«
H. 115 cm, B. 87 cm, T. 51 cm
Inv. Nr. K 2777

Augsburg war seit dem 16. Jahrhundert ein Zentrum der Ebenholzverarbeitung. Bei diesem repräsentativen Sammlungsmöbel kontrastiert das schwarz schimmernde Tropenholz mit vergoldetem Metall und Einlegearbeiten aus verschieden farbigen Stein- und Marmorsorten. Die Füllungen der 18 Schubfächer und Türen entstanden in Pietra-Dura-Technik. Dabei werden zu Plättchen geschnittene Steine fugenlos aneinander gekittet, plan geschliffen und poliert. Ihre Färbung und Maserung ist den dargestellten Motiven (Blumen, Singvögel) angepasst. Die Seitenteile in Mosaik aus grau-braunem Achat suggerieren Ruinenarchitekturen. *WCo*

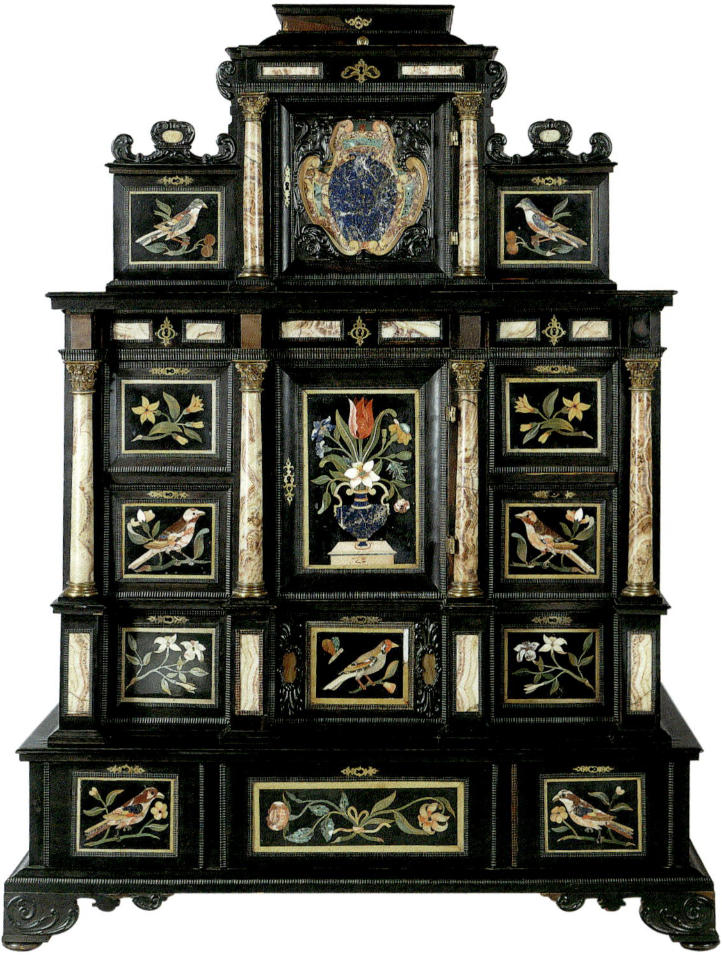

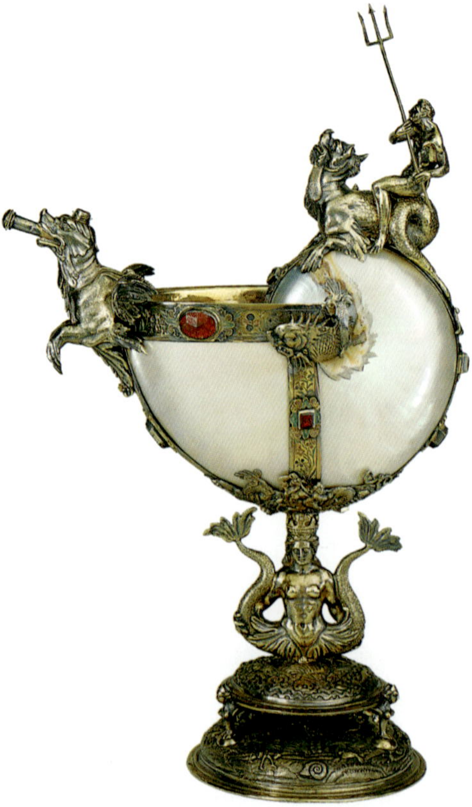

Nautilusgefäß mit Neptunsfigur

Antwerpen (?), Ende 16. Jahrhundert
Nautilusschnecke; Fassung: Silber, vergoldet (ohne Marken); Emailbemalung, Edelsteine
H. 34,3 cm
Inv. Nr. K 3887

Dieses Gefäß soll ein Feldmarschall im Jahre 1701 dem künftigen König Friedrich I. in Preußen als Neujahrsgeschenk überreicht haben. Seit 1752 befand es sich in der Königlichen Kunstkammer im Berliner Schloss.

Die Nautilusschnecke, auch »Perlboot« genannt, stammt aus dem Pazifik und gelangte vor allem über den Seehandel nach Europa. Wegen ihrer pittoresken Form und der matt schimmernden Oberfläche war sie ein beliebtes Sammlungsstück in der Sparte der »Exotica« in den Kunst- und Wunderkammern der Renaissance und des Barock. Als Werk von Menschenhand trat die kostbare Goldschmiedefassung in Wettstreit zur Schöpfung Gottes. Die Ausgestaltung dieses Gefäßes nimmt in seinem dekorativen Details Bezug auf das Element Wasser, aus dem die Schnecke stammt: Die obere Fußplatte zeigt Wellen und Seegetier, den Schaft bildet eine doppelschwänzige Meerjungfrau, auf der Volute reitet der Meergott Neptun auf einem Fabelwesen und auch das zauberhafte Tier am Ausguss ist mit Flossen versehen. Schließlich tragen auch die mit Edelsteinen besetzten Schmuckbänder an ihren Kreuzungspunkten phantastische Fische. Ein solches Werk konnte, wie Muscheln, Perlen, Korallen, auch stellvertretend für eines der vier Elemente in einer Kunstkammer stehen. Da das Gefäß einen Schein-Ausguss besitzt, kann es als festliche Tafelzier gedient haben. *SN*

Brettspielkassette
Adam Eck
Eger, um 1640/50
Konstruktionsholz: Birnbaum, ebonisiert; Marketerie: verschiedene Hölzer, Elfenbein, Stein;
Beschläge: Messing, versilbert
Sign.: »Adam Eck Egra«
H. 48 cm, B. 48 cm (geschlossen), T. 10 cm
Inv. Nr. K 2865

Im 15. Jahrhundert wurde es üblich, mehrere Spiele in Kassettenform zu kombinieren. Die Brettspielkassette des Adam Eck (1604–1664) zeigt auf der Hauptschauseite eine figurenreiche Reliefmarketerie, die den Sieg Alexanders des Großen über den Perserkönig Darius III. darstellt. Auch das übrige Bildprogramm bezieht das Kriegsglück thematisch auf das ebenso wandelbare Glück im Spiel. Die Keilfelder des Trictrac sind abwechselnd als von Kugeln bekrönte Obeliske mit Fahnen und Kriegsgerät oder als umkränzte Brunnenarchitekturen ausgeführt; beide Motive kommen auf Egerer Spielbrettern häufig vor. Die zugehörigen Spielsteine zeigen Porträts römischer Kaiser und Herrscher aus dem Geschlecht der Habsburger. Die Rückseite enthält ein mit vielfarbigen Hölzern intarsiertes Damebrett. Die Spielfelder sind mit Blüten intarsiert und die Randleiste ist mit botanisch exakten Blumenreliefs geschmückt. *WCo*

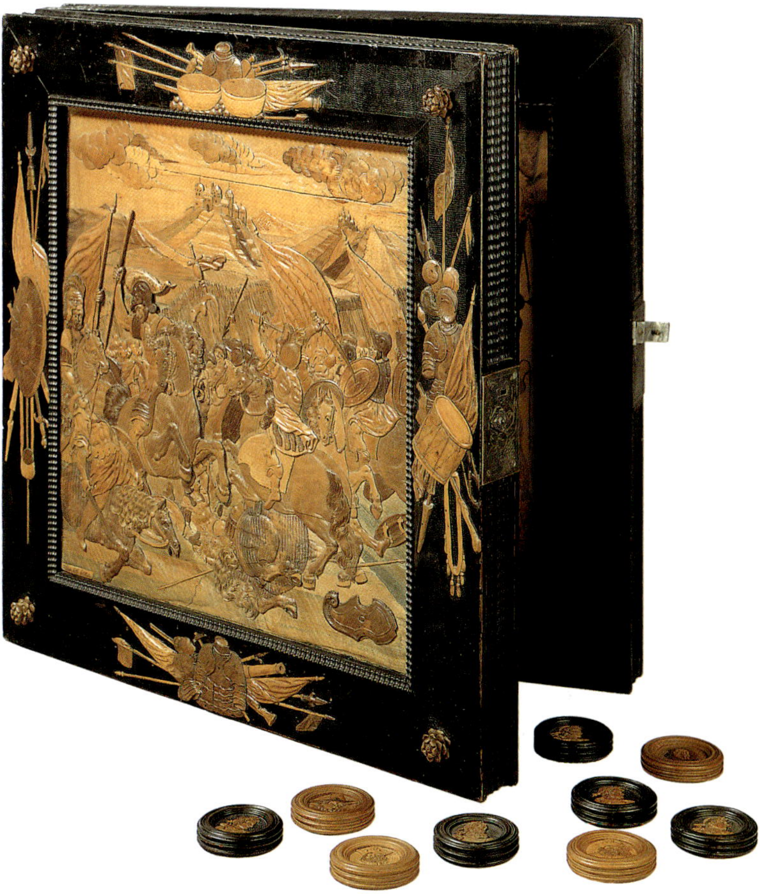

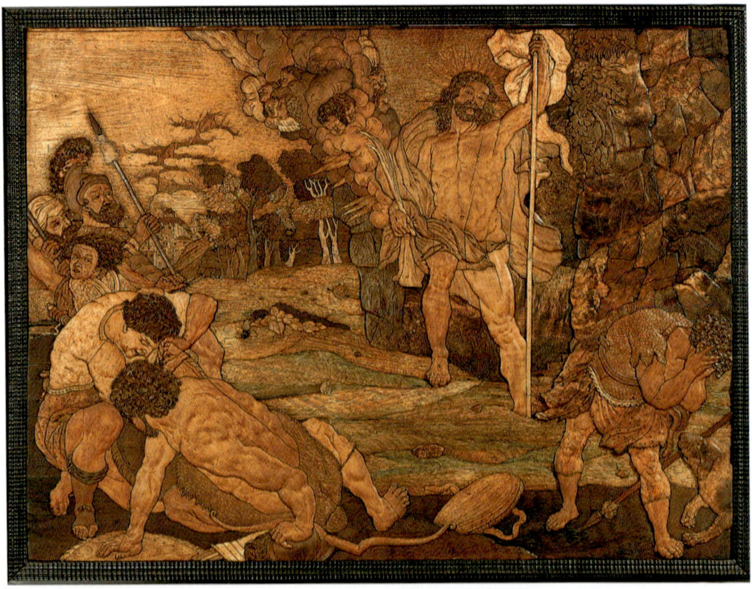

Bildtafel mit Darstellung der Auferstehung Christi
Adam Eck
Eger, um 1640/1650
Konstruktionsholz: Eiche; Reliefmarketerie: Ahorn, Walnuss, Pflaume und Birnbaum
Sign.: »ADAM ECK A EGRA«
H. 86 cm, B. 108 cm
Inv. Nr. K 2625

Die Auferstehung gehört zu einem vierteiligen Zyklus von Bildtafeln mit Szenen der Passion Christi. Er zählt zu den bedeutendsten Arbeiten des Meisters Adam Eck (1604–1664), einem Mitbegründer und Hauptvertreter der Egerer Intarsienkunst.

Durch ihre Größe nehmen die Passionstafeln eine Sonderstellung unter den sonst meist kleinformati-

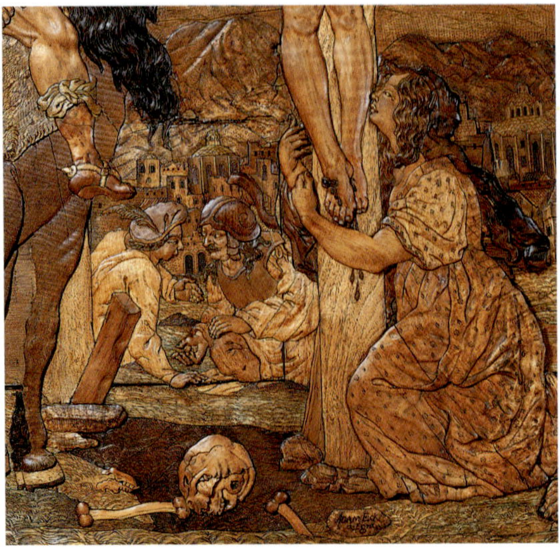

Detail: Kreuzigungsszene, Inv. Nr. K 2623

gen Egerer Arbeiten ein. Virtuos ist die dreidimensionale Wirkung des Bildvordergrunds durch die Oberflächenbearbeitung verstärkt: Textur und Maserung der Hölzer werden gezielt zur plastischen Modellierung genutzt, etwa bei den Wolkenformationen oder dem Fellkleid des Pferds. Die Oberflächen sind teilweise mit Stempeln und Punzen bearbeitet, Techniken, die der Metallgravur und Goldschmiedekunst entlehnt sind. Die Vielfarbigkeit wurde durch die Verwendung verschiedener heimischer Hölzer und durch die Einfärbung mit natürlichen Farbstoffen erzielt, die aus Pflanzen und Insekten gewonnen wurden.

Die Darstellungen gehen auf Bilderfindungen von Peter Paul Rubens zurück, die speziell durch niederländische Kupferstecher in ganz Europa Verbreitung fanden. Die religiöse Thematik legt nahe, dass die Egerer Tafeln für einen sakralen Innenraum entstanden, z.B. als Füllungen eines Altars oder als Wandbilder. *WCo*

Prunktisch in Boulletechnik aus dem Heidelberger Schloss

Johann Daniel Sommer
Heidelberg (?), 1684
Konstruktionsholz: Eiche; Furniere: Zinn, Schildpatt, Elfenbein, Ebenholz, transluzides Horn, teilweise rot gefärbt, mit Malereien auf Papier unterlegt
H. 81 cm, B. 127 cm, T. 86 cm
Inv. Nr. O-1972,172

Der Prunktisch gehört zu einem heute verschollenen Ensemble, das außerdem einen zweitürigen Kabinettschrank, zwei Gueridons (Leuchterständer) und einen Spiegelrahmen umfasste. Kurfürst Karl II. von der Pfalz hatte die außerordentlich kostbare Gruppe 1684 für sein Appartement im Heidelberger Schloss anfertigen lassen. Seine Witwe ließ die Stücke vor den marodierenden Truppen des Sonnenkönigs Ludwig XIV. in Sicherheit bringen. Später gelangten sie ins Berliner Schloss.

Die Tischplatte ist mit Blumenranken, Putten und Groteskenfigu-

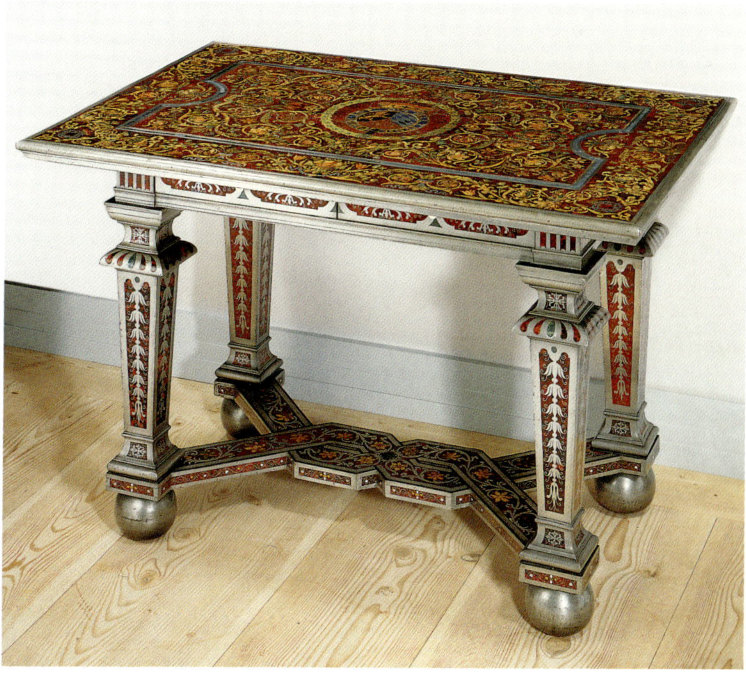

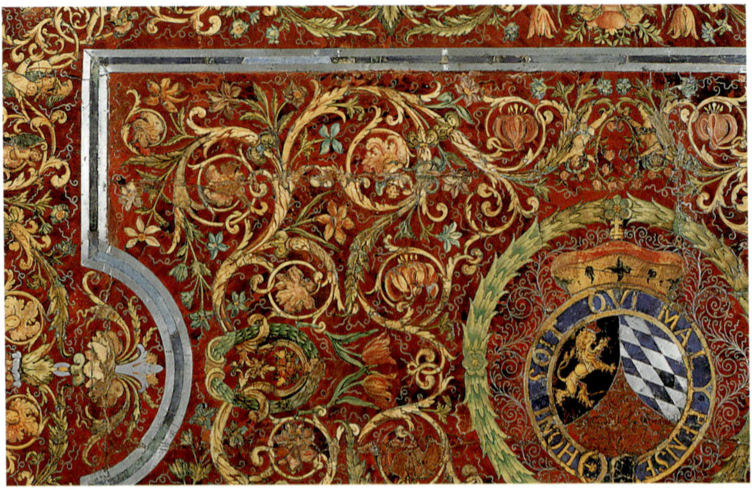

Detail: Platte des Prunktischs

ren dicht bedeckt. In der Mitte der Platte prangt das kurfürstliche Wappen mit der Devise des Hosenbandordens. Die nach dem französischen Ebenisten André Charles Boulle (1642–1732) benannte Bouletechnik ist eine der kostbarsten der Möbelkunst. Das betrifft mehr noch als die Materialien (besonders Zinn, Schildpatt, Horn) die kunstvoll ausgeführte Arbeit, die eine besondere Nähe zur Malerei und Goldschmiedekunst zeigt. Feinste Gravuren und mit Aquarellmalerei hinterlegte Szenen bilden bei diesem Möbel eine beträchtliche Verfeinerung der Marketerie. *ASt*

Münz- und Medaillenschrank aus dem Berliner Schloss
Gérard Dagly
Berlin, um 1695
Konstruktionsholz: Eiche; Furnier: Birnbaum; Schwarzlack, Dekor in Streulacktechnik, weitgehend reliefiert; Beschläge: Messing, vergoldet; Innen: Eiche, Olivenholz furniert; Münztableaus ergänzt
H. 200 cm, B. 152 cm, T. 56 cm
Inv. Nr. O-1965,17

Der mächtige Kabinettschrank verdankt seine Bekanntheit dem seltenen Umstand, dass er bereits 1696 auf dem Titelkupfer zur mehrbändigen Prachtausgabe der brandenburgischen Münz- und Antikensammlung von Lorenz Beger dargestellt ist. In dieser Ansicht eines idealen Sammlungssaals sieht man vier der Schränke, die auf ihrem charakteristischen Dach Skulpturenaufsätze tragen. Eine Illustration von 1704 zeigt

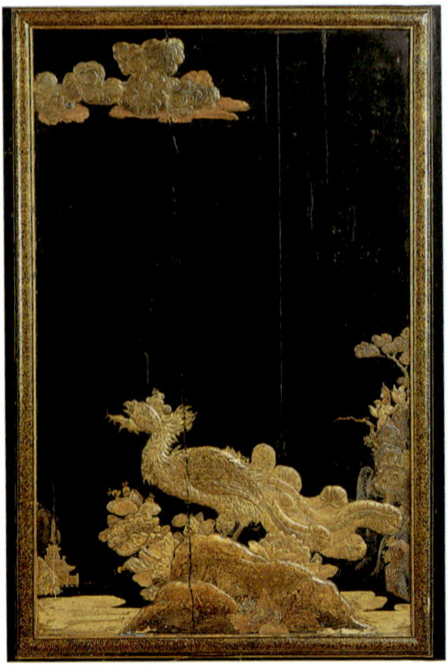

Detail: Türfeld des Münz- und Medaillenschranks

König Friedrich I. beim Studium seiner Sammlung, wozu einer der Schränke geöffnet und ein Münztableau herausgezogen ist.

Der Schrank gilt als wichtigste erhaltene Arbeit von Gérard Dagly (1657/60–1715), durch dessen Wirken Berlin zu einem frühen Zentrum der europäischen Lackkunst wurde. Die viel gerühmte Qualität der Lacktechnik Daglys wurde erst jetzt nach der Restaurierung in ihrem ganzen Ausmaß sichtbar: Unter der Übermalung des frühen 20. Jahrhunderts kam mit dem barocken Malduktus auch die kostbare Streulacktechnik zum Vorschein, die feinste Metallspäne in einem Bindelack fixiert. Im Vergleich zur einfachen Bronzierung erzeugt sie eine ungleich höhere Brillanz und Farbtiefe, die gemeinsam mit dem feinen Relief zur erfolgreichen Imitation japanischer Streulackarbeiten beitrug. *ASt*

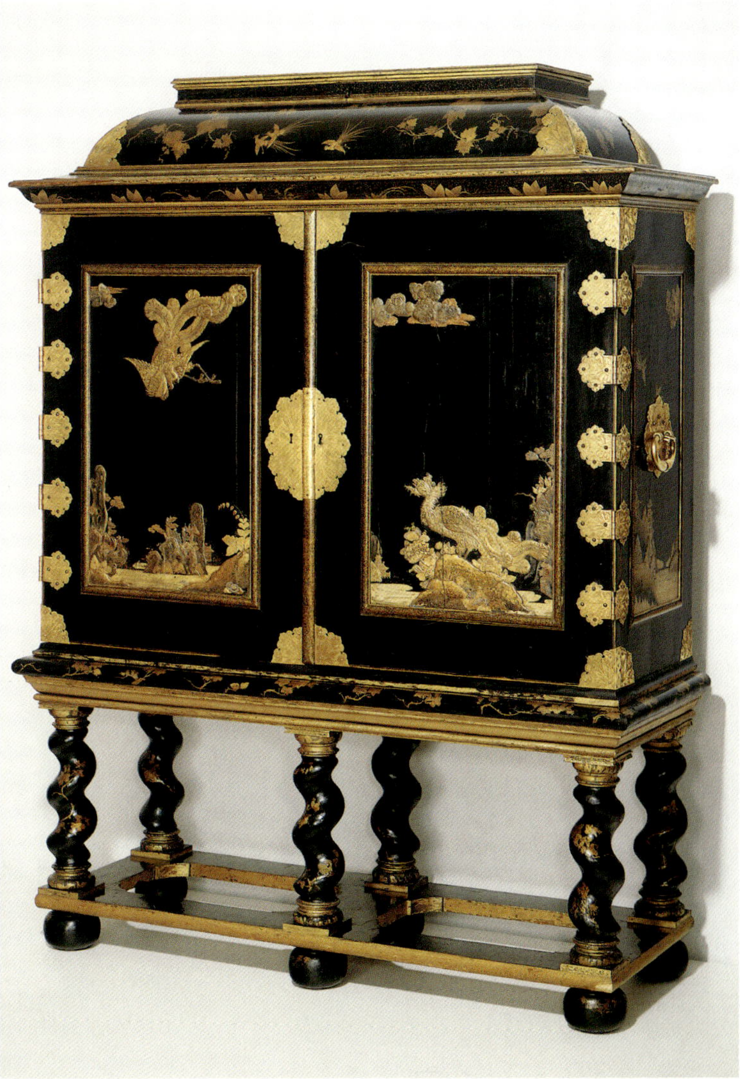

Kabinettschrank
Jean Macé (?)
Paris, um 1650/60
Konstruktionshölzer: Kiefer, Pappel; Furnier: Ebenholz, geschnitzt und graviert, Flammenleisten; Innen: exotische Hölzer und gefärbtes Elfenbein; Beschläge: Bronze, vergoldet
H. 188,5 cm, B. 169 cm, T. 59 cm
Inv. Nr. 1897,131

Im zweiten Viertel des 17. Jahrhunderts entstanden für den Pariser Hof eine Reihe dieser Kabinettschränke aus Ebenholz, die sich in der äußeren Gestalt sehr ähneln und im Inneren reich ausgestaltet sind. Die kostbaren Möbel dienten offenbar auch als Staatsgeschenke an europäische Fürstenhöfe.

Die Reliefs auf den äußeren und inneren Türen tragen mythologische Szenen der Antike, darunter Plutos Raub der Proserpina und im Inneren das Urteil des Paris. Gestell, Sockel und Gesims sind mit Rankenschnitzerei und kompliziert gestalteten Flammenleisten bedeckt. Die innere reich gravierte Einrichtung des Kabinetts besteht aus kleinen Schubkästen und einem zweitürigen Mittelfach, in dem sich eine äußerst farbenprächtige Architektur verbirgt. Besonders auffällig sind hier die leuchtend rot, grün und blau marmorierten Flächen aus kunstvoll gefärbtem Elfenbein. *ASt*

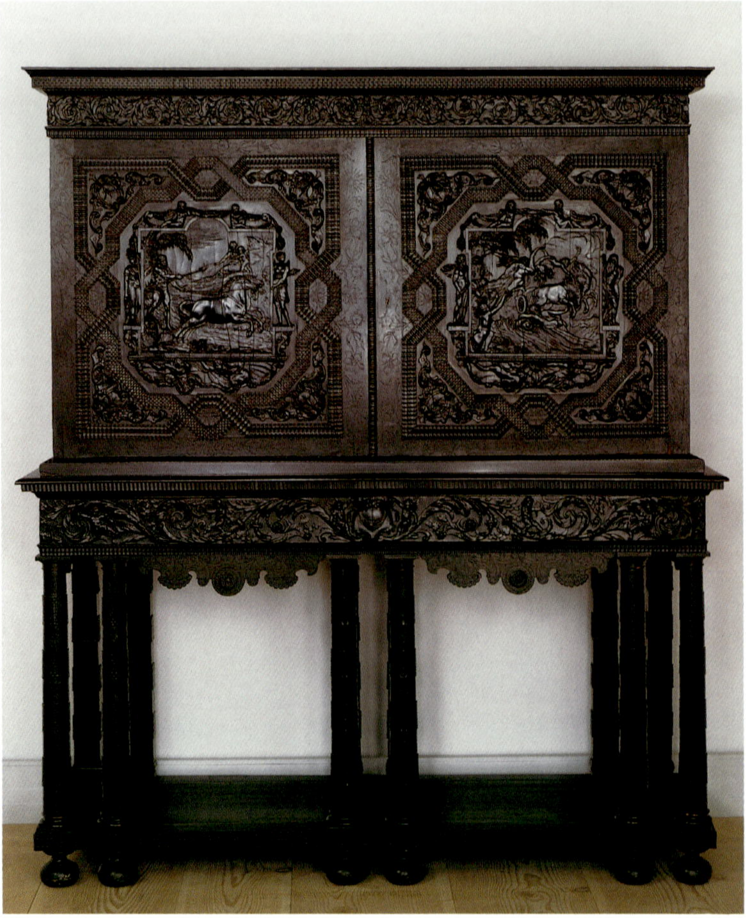

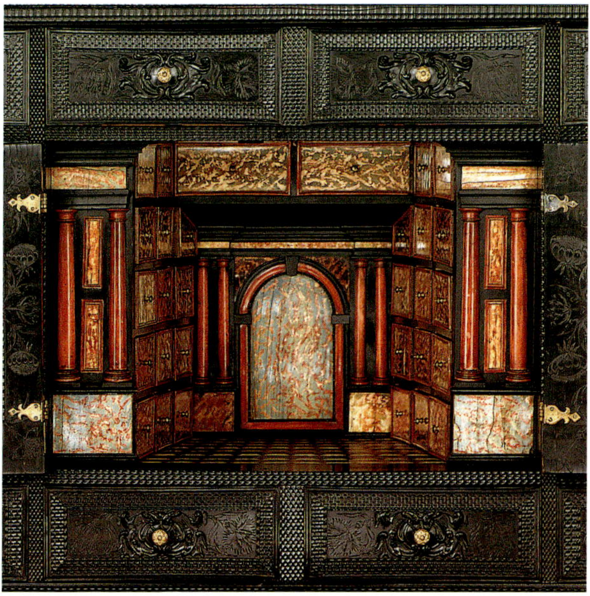

Detail: Kabinettschrank (geöffnet)

Kabinettschränkchen
Danzig, um 1700
Konstruktionshölzer: Fichte, Kiefer, Eiche; Bekleidung: Bernstein, Elfenbein, Horn, Spiegelglas, Eglomisé (hintermaltes Glas), Messing, vergoldet
H. 36 cm, B. 23 cm, T. 11 cm
Inv. Nr. W-1980,60

Das kostbar ausgestattete Miniaturmöbel birgt im Inneren eine Spiegelnische und elf mit Bernstein eingelegte Schubladen, in denen sich verschiedene Schreib- und Spielutensilien befinden; ein Schubfach ist mit Tintenfässchen und Streusandbüchse ausgestattet. Die untere Sockelschublade enthält Spielfelder für Mühle, Dame, Schach und Trictrac. Die Bekrönung des Dachaufsatzes ziert eine vollplastische Venus-Amor-Gruppe und auch die vor geschwärztes Horn gesetzten Elfenbeinreliefs der Türfelder und Schmalseiten zeigen Paare der antiken Mythologie. Als Vorbild für die architektonische Gestaltung des Schränkchens dienten Danziger Dielenschränke (»Schapps«), die hier durch Miniaturisierung zum Kunstkammerstück verfremdet sind. *WCo*

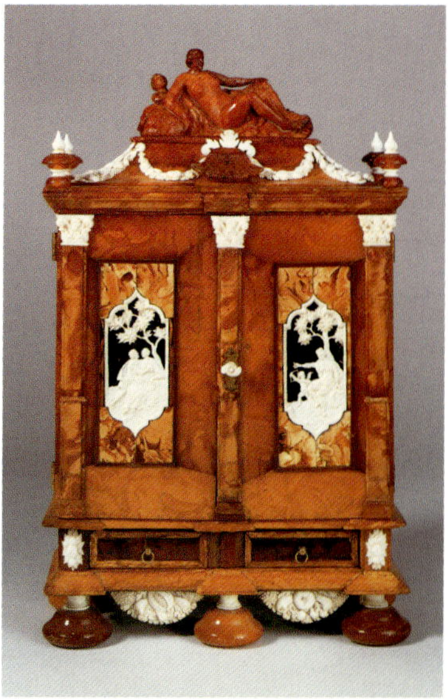

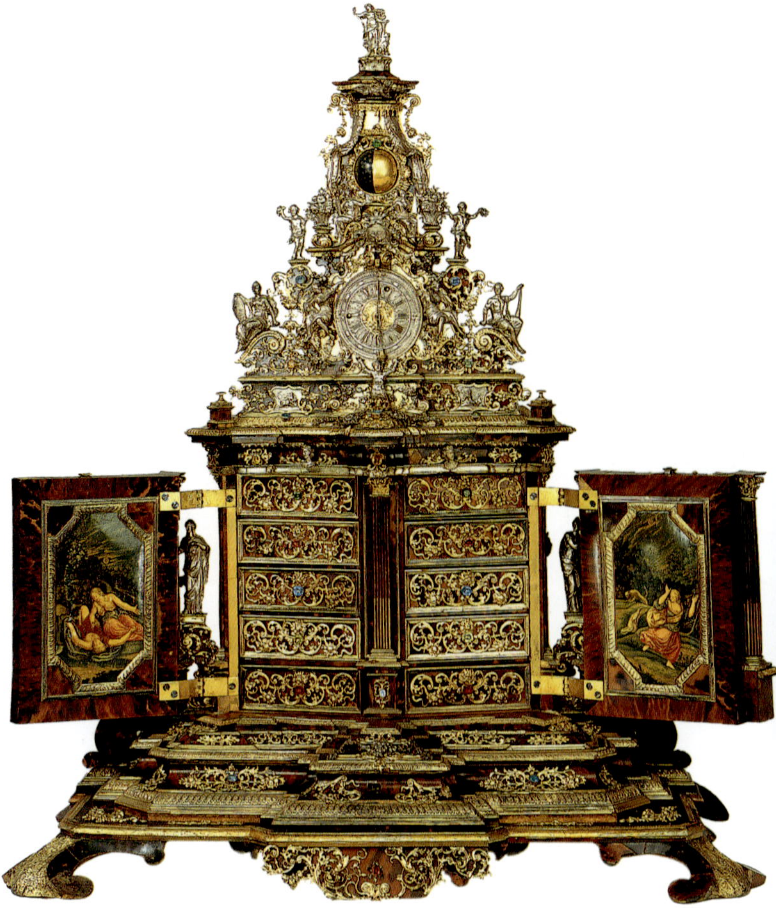

Prunkkabinett mit Uhr
Augsburg, um 1705
Konstruktionshölzer und Profile:
Zeder und andere Hölzer;
Furniere: Padouk und andere Hölzer;
Schildpattauflagen;
Eisen, teilweise gebläut; Silber, vergoldet; Messing, vergoldet; Glas, farbig unterlegt; Ölmalerei
H. 74 cm, B. 63,5 cm, T. 32 cm
Inv. Nr. K 2781

Das kleine Kabinett besitzt einen differenzierten architektonischen Aufbau, der die Eigenschaften eines kleinteiligen Sammlermöbels mit denen einer figürlich reich verzierten Tischuhr verbindet. Im Sockel dieses bedeutenden Meisterwerks Augsburger Kabinett- und Silberschmiedekunst sind zwei flache Schubkästen versteckt, die einen Toilettenspiegel und eine Sammlung kleiner Gerätschaften wie Glasflacons, Kerzenleuchter oder eine Lupe bergen.

Das gesamte Gehäuse ist mit Schildpatt überzogen und durch teilweise vergoldeten Silberschmuck bedeckt. In einen Fond aus wuchernden Ranken und Blüten sind Plaketten und Figuren mit Darstellungen, die sich vor allem der Liebe widmen, eingebettet. Dies Thema ist auch in den Gemälden aufgegriffen, die zwei Szenen aus der Geschichte von Pyramus und Thisbe darstellen. *ASt*

Astronomische Standuhr
Uhrwerk: David Scheiffelhuet
Augsburg, um 1703
Messing, vergoldet; Bronze und Kupfer, feuervergoldet; Eisen
H. 80 cm, Dm. (Uhrgehäuse) 23 cm
Inv. Nr. W-1962,179

Eine kniende Atlasfigur auf reich gestuftem hohen Podest trägt auf den Schultern das zylindrische Uhrengehäuse, auf dem ein Adler mit Wappen in den Klauen kauert. Die Uhr selbst ist vorder- und rückansichtig gearbeitet. In der Vorderansicht ist sie ein runder Zeitmesser mit verschiedenen Scheiben und einem komplizierten Zeigersystem, in der Rückansicht verdeckt ein kostbar durchbrochenes symmetrisches Rankenwerk die komplizierte Mechanik im Inneren. Die Uhr hat verschiedene Anzeigefunktionen: außen einen Kalenderring für Monatsdaten, Wochenbuchstaben, Tagesheilige und die Monate mit ihren Tierkreiszeichen, weiter innen einen Stundenring mit zweimal zwölf Stunden und Minutenanzeiger. Es folgen drei Stundenkreise für weitere Anzeigen wie Ortszeit, Sternzeit und Mondzeit. Im Zentrum sitzt ein Astrolabium, ein Instrument, das Angaben zur Position der Fixsterne und der Tierkreiszeichen macht, den Sonnen- und Mondumlauf und die Mondphasen angibt sowie ein Aspektschema besitzt.

Dem Wappen nach gehörte die Uhr vermutlich dem Herzog Victor Amadeus II. von Savoyen. Sie repräsentiert den Typus süddeutscher Spiegel- oder Monstranzuhren, der sich in der 2. Hälfte des 16. Jahrhunderts herausgebildet hatte. *ChK*

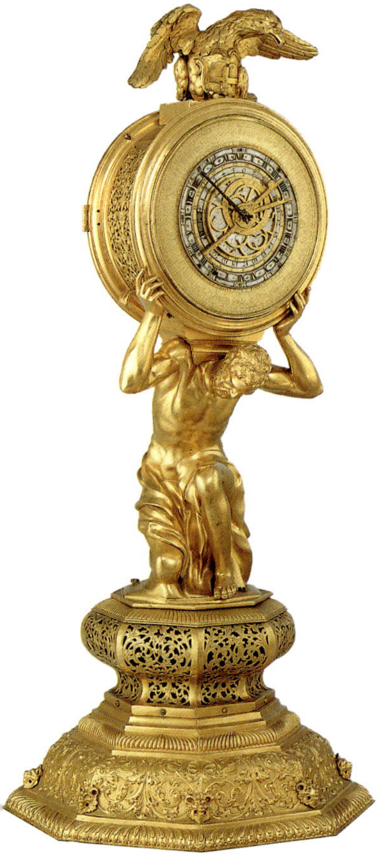

Zwei Armlehnstühle
David I Schwestermüller
Augsburg, 1670-74
Silber, getrieben und gegossen; Holzkern
Jeweils H. 100 cm, B. 65 cm, T. 63 cm
Inv. Nr. S 573/574

Der ehemals reiche Bestand an Silbermobiliar des Berliner Hofes ist durch die Einschmelzungen zur Zeit Friedrichs II. während der Schlesischen Kriege und während der Napoleonischen Besetzung stark dezimiert worden. Seit dem Zweiten Weltkrieg ist nur noch das abgebildete Armstuhlpaar überliefert. Herkunft und Aussehen weisen beide Stühle als Herrschersitze aus. Ihre Gestalt ist traditionellen, seit der Antike bekannten Falt- bzw. Scherenstühlen nachgebildet. Vor allem in der Renaissance war dieser Möbeltypus weit verbreitet (S. 33).

Dieses Armlehnstuhlpaar steht an der Wende zur barocken Gestaltung. Sitz und Rückenlehne sind mit dunkelrotem Samt bezogen, die sichtbaren hölzernen Teile von reich getriebenem Silberblech ummantelt. Der

Beschlag besteht aus eng gerolltem Akanthus. Die Armlehnen enden in gegossenen figürlichen Abschlüssen: seitlich des Rückbretts sind es Hermen, die aus einem Akanthusblatt wachsen, vorn – als Handgriff – Delphinköpfe. Am Schnittpunkt der Stuhlschenkel befindet sich je eine plastische Löwenmaske. Diese Ornamentik bezieht sich ebenso wie die Form der *Claw-and-Ball*-Füße auf die flämisch beeinflusste Frühphase des Augsburger Barock. Während am Berliner Hof eher holzgeschnitzte Herrschersessel üblich waren, scheinen diese an einer niederländischen Elfenbeingarnitur orientiert zu sein, die Kurfürst Friedrich Wilhelm vom Prinzen Johann Moritz von Nassau 1652 erworben hatte. Die Armlehnstühle von David I Schwestermüller (1628–1678) sind allerdings erst nach 1670 hergestellt worden. Sie hatten seit 1688 keine feste Bestimmung mehr und wechselten mehrmals die Standorte. 1690 befanden sie sich im Kabinett der Kurfürstin Dorothea im Potsdamer Stadtschloss, 1713 im Schlafkabinett Friedrichs I. im Berliner Schloss und 1777 standen sie im Rittersaal zu Seiten des Thrones. Dass sie dort über ihre dekorative Funktion hinaus wirklich als Thronsessel dienten, ist eher unwahrscheinlich. *ChK*

Gueridonpaar
Gerhardt Overdieck
Magdeburg, vor 1681
Silber, getrieben, teilweise vergoldet
Jeweils H. 110 cm, Dm. 43 cm
Inv. Nr. S 536/537

Gueridons sind Leuchtertische für große Kerzen. Sie wurden jedoch häufig auch ohne konkrete Nutzung, nur als luxuriöse Raumausstattung verwendet. Es gab sie in unterschiedlichen Größen aus Holz, Zinn oder Silber. Dieses Gueridonpaar war ein Huldigungsgeschenk der Stadt Magdeburg an den brandenburgischen Kurfürsten Friedrich Wilhelm im Jahre 1681. Es gehörte zum Staatsschatz der Hohenzollern, der später im Rittersaal des Berliner Schlosses präsentiert wurde.

In Kriegs- und Notzeiten wurde dieser Schatz mehrfach dezimiert. Beide Guerdions überstanden zusammen mit dem Großen Silberbuffet (S. 72) alle Einschmelzaktionen. Ihre Form erinnert an Modelle in Holz: gedrehte Baluster mit gebuckeltem Mittelknauf. Reich getriebenes Blatt-, Blumen- und Fruchtwerk überzieht die gesamte Oberfläche. Dieses spezifisch hochbarocke Ornament war zu dieser Zeit in ganz Deutschland verbreitet. *ChK*

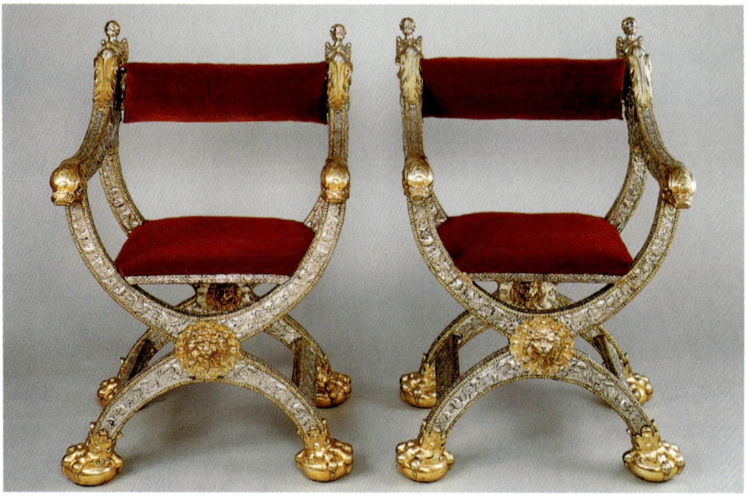

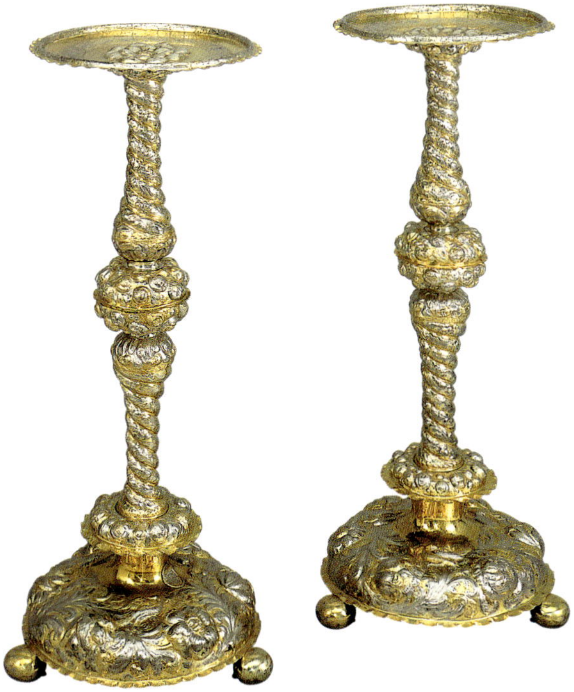

Tafelaufsatz
Lorenz I Biller und Christoph Schmidt (Globus)
Augsburg, vor 1685 und 1696
Silber, getrieben, gegossen, teilweise vergoldet
H. 80 cm
Inv. Nr. S 559

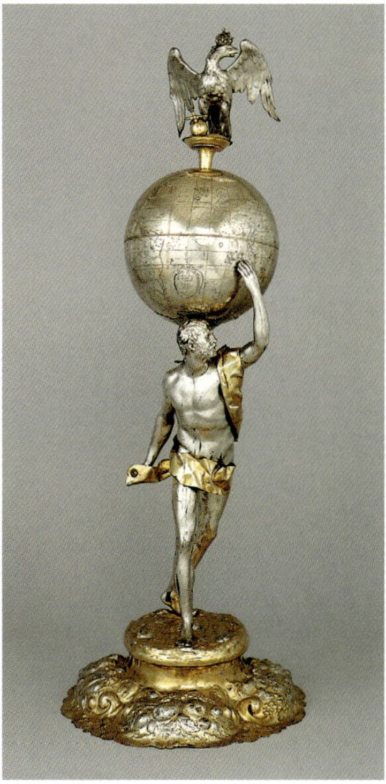

Tafelaufsätze wie dieser werden Globusbecher *(Globuli)* genannt. In den rund gestalteten Kopfteilen wurden Gewürze gereicht. Unser Exemplar hat die Gestalt eines antikischen Helden, der in Anspielung auf Herkules die Erdkugel trägt (der Adler 1701 hinzugefügt). Der Schöpfer Lorenz I Biller († 1685), gehört zu der Augsburger Goldschmiedefamilie Biller, deren drei jüngere Mitglieder das Große Silberbuffet im Berliner Schloss geschaffen haben (S. 72). Der Tafelaufsatz befand sich damals bereits im Staatsschatz der Hohenzollern. Er wurde seit dem späten 18. Jahrhundert stets auf dem Schenktisch des Silberbuffets präsentiert. *ChK*

Das Große Silberbuffet aus dem Rittersaal des Berliner Schlosses

Albrecht, Lorenz II und Johann Ludwig I Biller
Augsburg, vor 1698
Silber, getrieben, gegossen, feuervergoldet
H. (der aktuellen Montage) ca. 460 cm
Inv. Nr. S 501-535

Das Große Berliner Silberbuffet ist das einzig erhaltene Beispiel eines Goldschmiedeensembles, das nach einem einheitlichen Entwurf als feste Wanddekoration entstand. 1701 wurde es in den Rittersaal des Berliner Schlosses eingegliedert.

Kurfürst Friedrich III. hatte in Berlin im Hinblick auf seine Königskrönung den Umbau der alten Residenz mit Nachdruck betrieben. Ab 1698 leitete der 1694 aus Polen engagierte Architekt und Bildhauer Andreas Schlüter (1659–1714) den Um- und Neubau. Hauptfestsaal der neuen Paradekammern im Lustgartenflügel war der Rittersaal, der unter der Leitung Schlüters zu einem prächtigen Gesamtkunstwerk ausgestaltet wurde. An der östlichen Schmalseite erhob sich – gegenüber dem Thron – das Große Silberbuffet über eine Höhe von etwa sechs Metern vor einer verspiegelten Rückwand (Theophron Kjellberg, Ansicht des Rittersaals, 1847, Abb. S. 52/53).

Neun Gießgarnituren ragten in leicht pyramidal erscheinender Anordnung vor der Spiegelwand in die

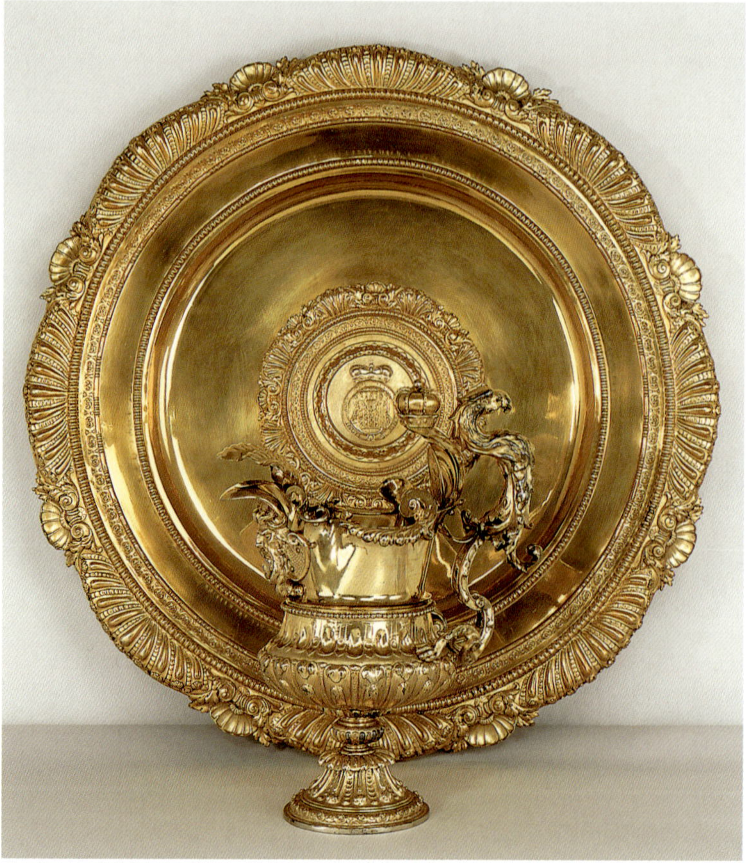

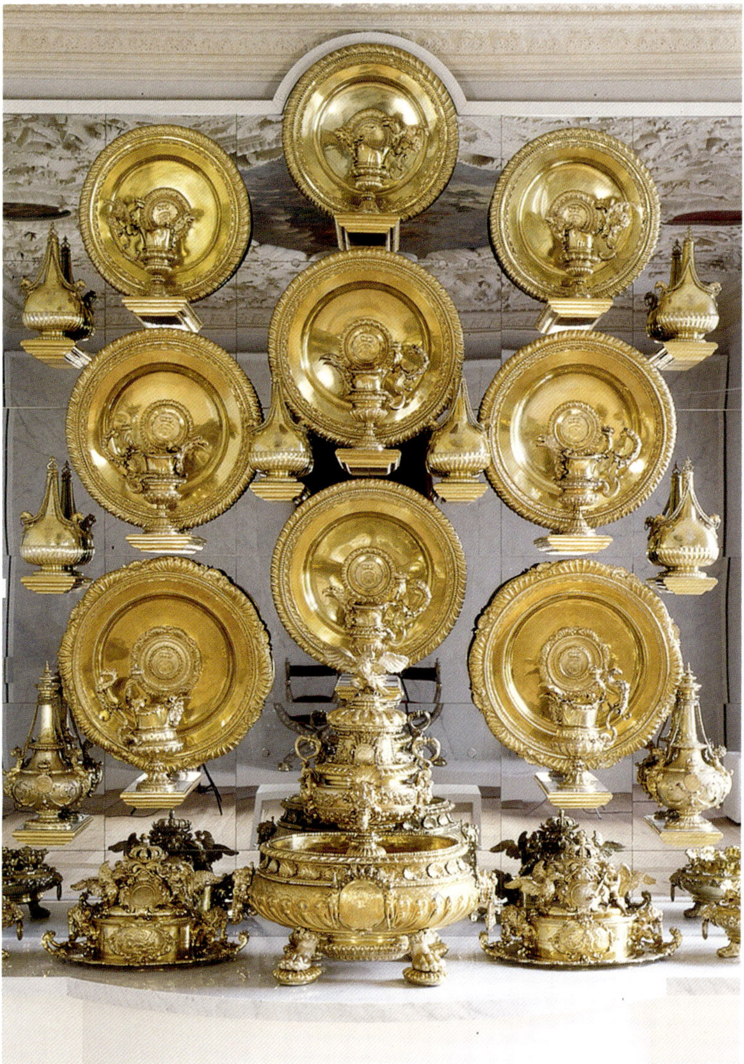

Höhe. Auf dem Schenktisch selbst, der mit einer Platte aus Lapislazuli bedeckt war, standen die großen Gerätschaften in symmetrischer Anordnung: ursprünglich drei Fontainen mit ihren Wannen (heute ist nur die mittlere, vergoldete, erhalten, die beiden anderen wurden durch zwei Pastetenbüchsen ersetzt) und zwei Kühlkessel. Im Unterschied zu älteren, stufenförmig aufgebauten Borden und stets nur temporär genutzten Buffets, war dies ein geschlossen konzipiertes und auf Dauer installiertes dekoratives Ensemble. Sein Entwurf geht auf Andreas Schlüter zurück, der schon seit 1694 als Hofbildhauer für Friedrich III. tätig war. Das Silberbuffet wurde zwischen 1695 und 1698 in Augsburg von der Goldschmiedefamilie Biller gefertigt.

Das Silberbuffet war Kern des brandenburgisch-preußischen Staatsschatzes. Die ersten Eingriffe gescha-

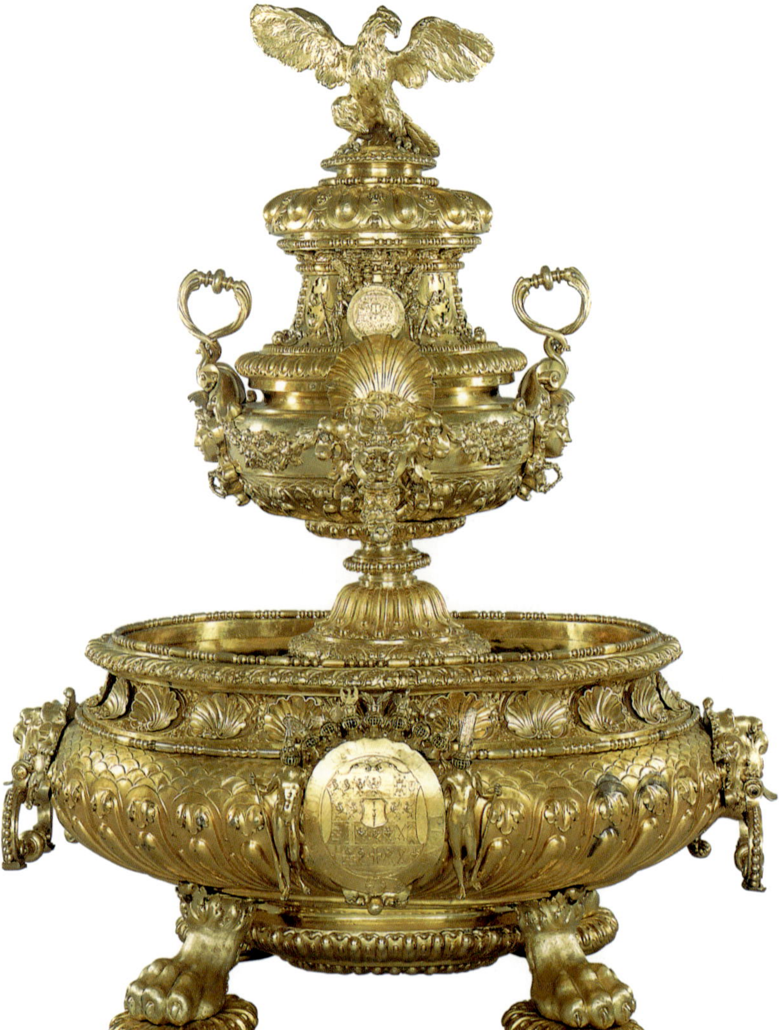

Handfass vom Großen Silberbuffet

hen durch Einschmelzungen während der Schlesischen Kriege unter Friedrich II. Der Gesamteindruck des Ensembles wurde dadurch nicht wesentlich verändert. Während der Napoleonischen Befreiungskriege in Königsberg ausgelagert, blieb es 1809 trotz der französischen Kontributionsforderungen unangetastet und wurde nicht eingeschmolzen. Nach der Rückführung aus Königsberg wurde es im Rittersaal wieder aufgebaut und verblieb dort bis zum Zweiten Weltkrieg. Während des Kriegs verbrannten Konsoltisch und Stellage, die Geräte waren ausgelagert und kamen 1958 als Teil der »Beutekunst« aus Russland zurück. Der heutige Aufbau ist eine dem originalen Vorbild angenäherte Rekonstruktion. *ChK*

Fragment einer Stuckdecke aus dem Großen Treppenhaus des Berliner Schlosses

Giovanni Simonetti
Berlin, um 1704
Kalkstuck
B. 270 cm, T. 170 cm
Leihgabe aus dem Museum für Byzantinische Kunst und Skulpturensammlung der Staatlichen Museen zu Berlin

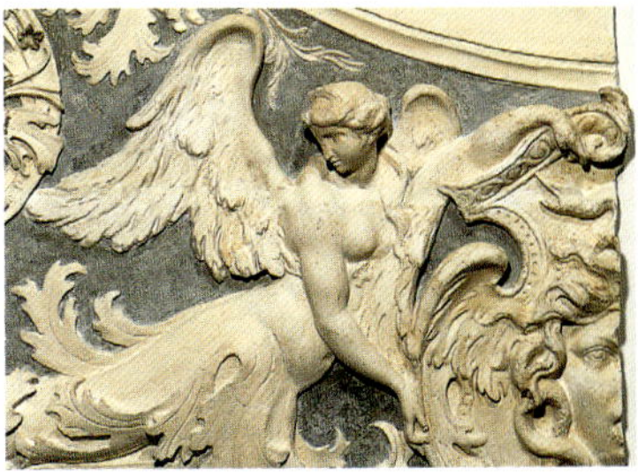

Detail: Genie mit Medusenhaupt

Kurz vor der Sprengung des Berliner Schlosses im Jahre 1950 wurden einzelne bauplastische Details hastig geborgen. Dazu zählt auch die knappe Hälfte der Stuckdecke über dem südlichen Treppenantritt im Erdgeschoss des 1701–04 von Andreas Schlüter (1659–1714) errichteten Großen Treppenhauses. Das Deckenfragment ist das einzige aus dem Berliner Schloss erhaltene Werk des aus Roveredo in Graubünden stammenden Berliner Hofstuckateurs Giovanni Simonetti (1652–1716).

Das gerettete und jüngst aufwändig restaurierte Fragment lässt die Gesamtkomposition des kleinen Plafonds noch klar erkennen: Zwischen vier Eckrosetten, die in ein verkröpft umlaufendes Stabprofil eingespannt waren und dem runden, durch einen Lorbeerstab umfangenen Mittelspiegel befanden sich je zwei spiegelbildlich wiederholte Deckenfelder. An zwei Seiten waren außerhalb des Rahmens Fascienbündel und Armaturen dargestellt. Eines dieser Felder ist vollständig erhalten. An den beiden anderen Seiten lagen die Relieffelder zwischen der Rahmung und dem Mittelspiegel. Hier war zwischen Akanthuslaub je ein von geflügelten Genien flankiertes Medusenhaupt dargestellt. Somit war die Decke mit dem Unheil abwehrenden Bild über dem Treppenantritt ein wichtiger Teil des ikonografischen Gesamtprogramms des Großen Treppenhauses.

Das Deckenfragment belegt auf eindringliche Weise, wie stark der gestalterische Einfluss Schlüters auf die ausführenden Kräfte beim Neubau des Berliner Schlosses war. Der seit 1683 in Berlin tätige Simonetti konnte nur hier zu einer Leistung finden, in der sich seine handwerkliche Perfektion mit dem künstlerischen Genius Schlüters verband. *LL*

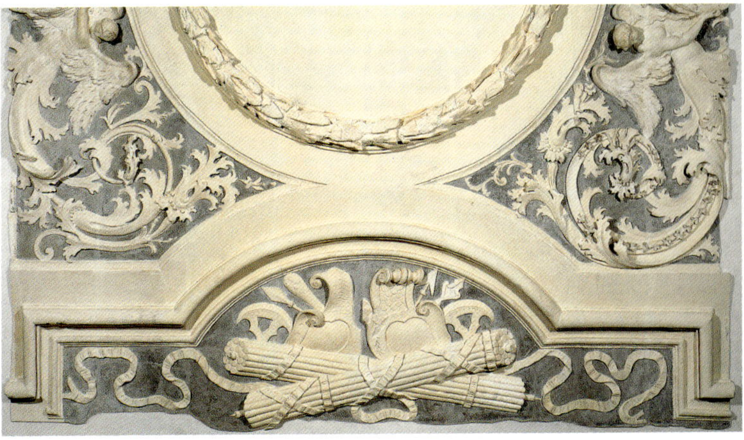

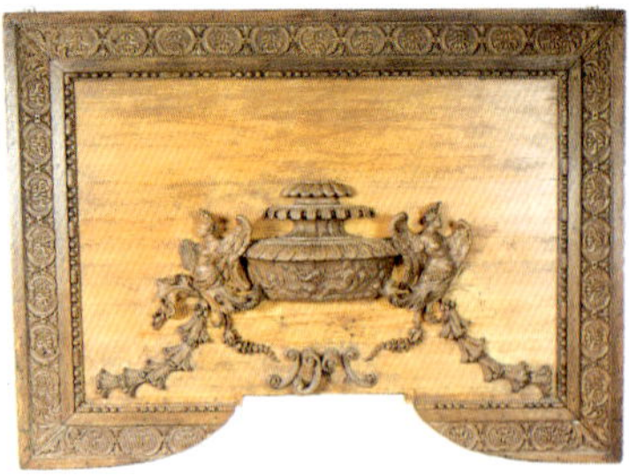

Supraporte aus dem Palais Wartenberg in Berlin
Nach Entwurf von Andreas Schlüter
Berlin, 1702/04
Konstruktionshölzer: Nadelholz, Linde; Schnitzwerk: Eiche
H. 104 cm, B. 145 cm
Leihgabe aus dem Museum für Kommunikation, Berlin

Supraporten, die über den Türen (lat. *supra portam*) befindlichen Wandfelder, sind neben Kaminaufsätzen und Deckengemälden die repräsentativsten Orte barocker Raumdekoration. Sie wurden oft mit allegorischen, das künstlerische Hauptthema des jeweiligen Raums kommentierenden Darstellungen geschmückt. Auch eine Reihe Supraporten aus dem Palais des preußischen General-Postmeisters Graf Kolbe von Wartenberg an der Langen Brücke in Berlin erscheint ikonografisch eng mit dem Ort ihrer Bestimmung verknüpft: Reliefs an den Ziervasen im Zentrum dieser Felder zeigen in Anspielung auf die benachbarte Spree heitere Reigen von Meeres- oder Flussgottheiten und Nereiden.

Das auch als »Alte Post« bekannte Palais Wartenberg war 1702/04 nach Plänen des Berliner Schlossbaudirektors Andreas Schlüter (1659–1714) errichtet worden. Bei seinem Abriss im Jahre 1889 wurde ein großer Teil der bauplastischen Ausstattung geborgen und dem Berliner Kunstgewerbemuseum übereignet. Ausgelöst durch den mehrfachen Standortwechsel des Museums im 20. Jahrhundert begann eine wahre Odyssee dieser Dekorationselemente. Sie endete erst 2002 mit der Erwerbung von drei verschollen geglaubten Supraporten durch das Museum für Kommunikation in Berlin.

Die Supraporten aus dem Palais Wartenberg sind eng mit den fast gleichzeitig in den Paradekammern des Berliner Schlosses nach Schlüters Entwürfen ausgeführten Dekorationen verwandt und haben einen für Schlüters Innenraumgestaltungen typischen, mehr malerisch-dekorativen als architektonischen Charakter. Sie zählen zu den bedeutendsten skulpturalen Leistungen des norddeutschen Barock.

LL

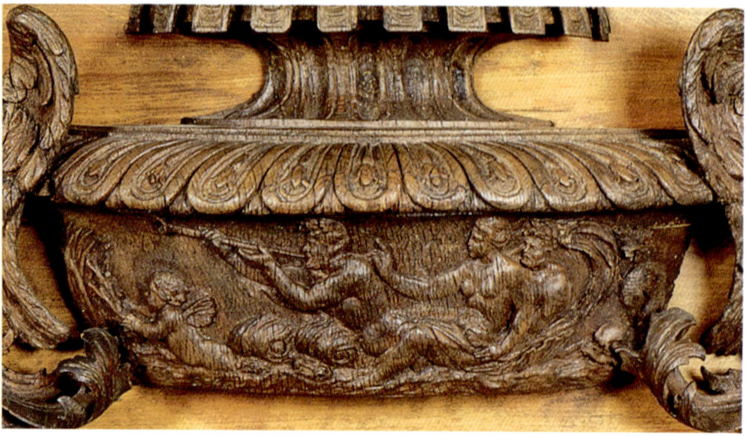

Detail Supraporte: Poseidon mit Gefolge

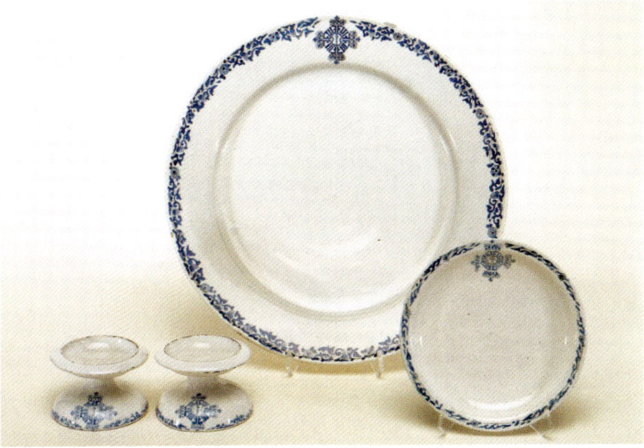

Teile eines Tafelservices für Kurfürst Friedrich III.
Manufaktur Witwe Anna Maria Molin
Berlin, vor 1697
Fayence mit Blaumalerei
Dm. (Platte) 32,5 cm, (Teller) 15 cm, (Salznapf) 8,5 cm
Inv. Nr. Hz 1029, Hz 1034, Hz 1037

Während der Große Kurfürst seine Tafelservice weiterhin in Frankfurt am Main bestellte, da die erste Berliner Fayencemanufaktur noch wenig befriedigend produzierte, konnte sein Sohn Friedrich III. bereits auf die Erzeugnisse eines seit 1693 unter der Witwe Molin gut funktionierenden Betriebes zurückgreifen. Die Fertigung von gedeckten Kabaretts, wie jenes für das Schloss Oranienburg um 1695, lässt vermuten, dass gleichzeitig auch Tafelgeschirr geliefert worden ist, zumal in Oranienburg und anderen Schlössern Fayenceküchen existierten. Die vorgestellten Teile des Services könnten zu den Resten dieses Küchenbestandes gehören. Ihre ornamentale Malerei hängt jedenfalls stilistisch eng mit dem Oranienburger Kabarett zusammen. Die vierfachen, radial um das Wappen mit Kurstab geordneten Initialen des Auftraggebers, das gespiegelte F, gekrönt vom Kurhut, und die Balken der römischen Ziffer bilden als streng geometrisches Ornament das so genannte Radmonogramm des Kurfürsten Friedrich III. *ChK*

Deckelpokal mit Wappen derer von Rochow
Zechlin (Brandenburg), um 1740
Farbloses Glas; Schliff, Schnitt, Teilvergoldung
H. (mit Deckel) 35,4 cm
Inv. Nr. O-1982,82 a,b

Im Jahre 1737 wurde die Potsdamer Glashütte nach Zechlin in der Nähe von Rheinsberg verlegt. Dort arbei-

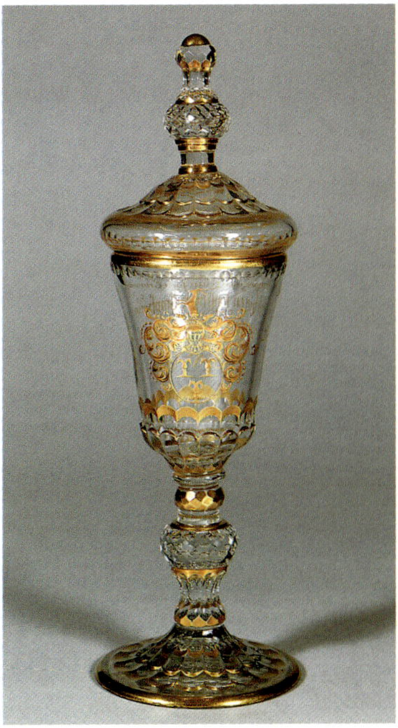

tete sie nicht mehr ausschließlich für den preußischen Hof. Derartige Pokale mit vergoldeten Schuppen- und polierten Kugelkränzen sind typisch für die Zechliner Produktion. Die Schauseite zeigt ein ungedeutetes Wappen unter einer Helmzier. Auf der Rückseite steht ein Monogramm und die Widmung »Der vergangenen Zeiten süße Erinnerung; Der jetzigen sensiblen Empfindung; Der zukünfftigen beßere Hoffnung«.

Der Deckel nimmt den Dekor von Fuß und Schaft auf und zeigt am Knauf außen Facettenschliff und innen konzentrisch eingestochene Luftblasen. Beim Blick in das Glas ergeben sich so Blütensterne. Vergoldung und Schliff akzentuieren die Gestaltung und erzeugen ein lebhaftes Lichtspiel auf der Oberfläche. *SN*

Holländische Fayencen waren seit dem 17. Jahrhundert ein fester Bestandteil der Wohnkultur. Der teure Import von chinesischen Porzellanen wurde zunehmend durch eine florierende Produktion im eigenen Lande ersetzt. Das Material war eine schwach gebrannte Keramik. Mit strahlend weißer Zinnglasur überzogen und mit Malerei in einem leuchtenden Scharffeuerblau bedeckt, kam sie jedoch den chinesischen Originalen optisch gleich. Man nutzte die chinesischen Vorbilder – meist aus der Ming-Zeit – nicht nur für die Formgebung, sondern auch für die Darstellungen vielfiguriger Szenen und Landschaften.

Nach 1700 entwickelte man eigene Formen und Dekorvarianten. Dem starken Bedürfnis der Zeit nach

Deckelvase
Delft, Ende 17. Jahrhundert
Fayence mit Blaumalerei
H. (mit Deckel) 62,5 cm
Inv. Nr. O-1968,2

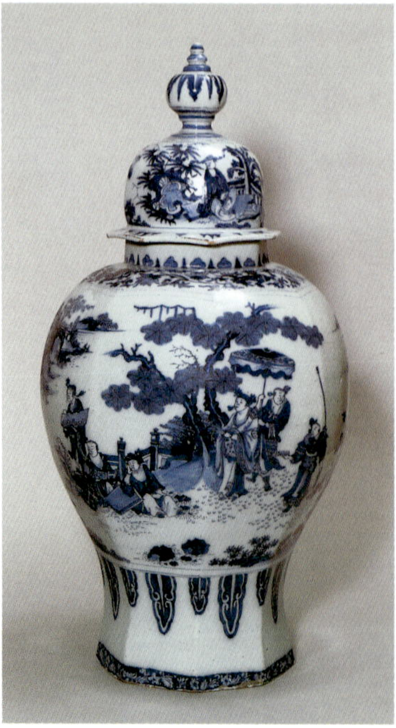

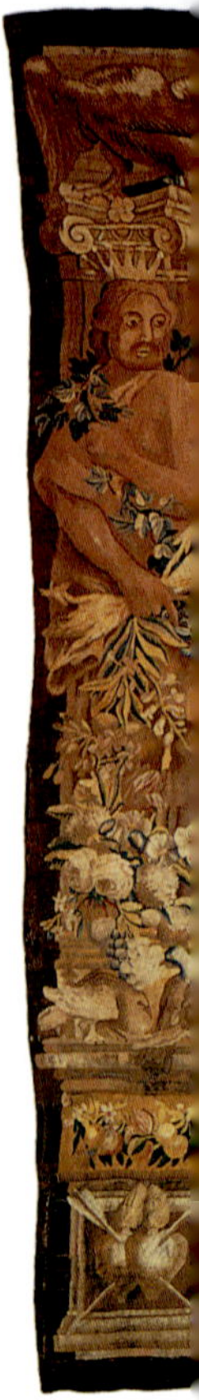

Repräsentation entsprechend bestellte man häufig ganze Vasensätze und stattete damit Kamine, Anrichten oder Schränke aus. *ChK*

Bildteppich mit Darstellung von Jupiter und Callisto
Brüssel, um 1680
Wirkerei aus Wolle, Seide und Leinen
H. 350 cm, B. 360 cm
Inv. Nr. O-1989,43

Geschildert wird eines der zahlreichen Liebesabenteuer des Göttervaters Jupiter, wie sie in den Verwandlungsgeschichten des römischen Dichters Ovid überliefert sind: Jupiter hat mehrfach, in verwandelter Gestalt, jungen Mädchen nachgestellt. Hier nähert er sich als Jagdgöttin Diana der Nymphe Callisto. Neckisch zurückblickend entfernt sich Liebesgott Amor, der seinen Liebespfeil verschossen und den Köcher zu Füßen der Nymphe liegengelassen hat. Eine weitere Amorette trägt eine entflammte Liebesfackel heran. Prominent sitzt links im Bild ein Pfau, Sinnbild von Jupiters Gemahlin Juno. Sie hat – wie immer – vom Liebesabenteuer ihres Gemahls erfahren und wird Callisto bestrafen. Die breite, architektonisch gegliederte originale Bordüre nimmt in vielen Motiven auf die Erzählung Bezug: seitlich Jupiter und Diana mit ihren Attributen, zu Füßen beider brennende, von Liebespfeilen durchstoßene Herzen und Taubenpaare. In zwei Mittelkartuschen ist der lateinische Verweis »Jupiter in Verwandlung« angebracht. *SN*

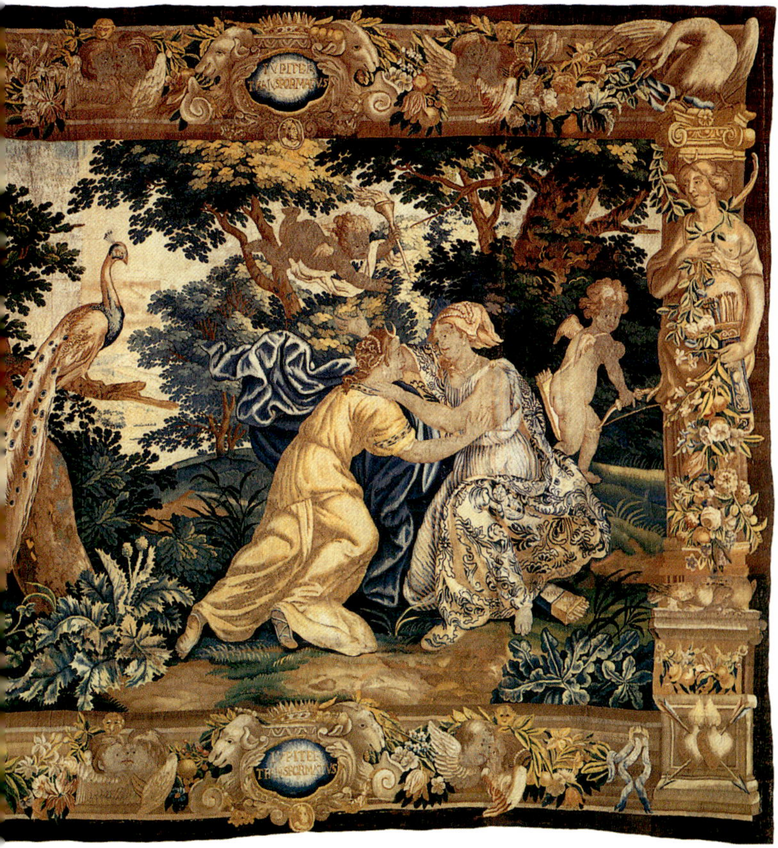

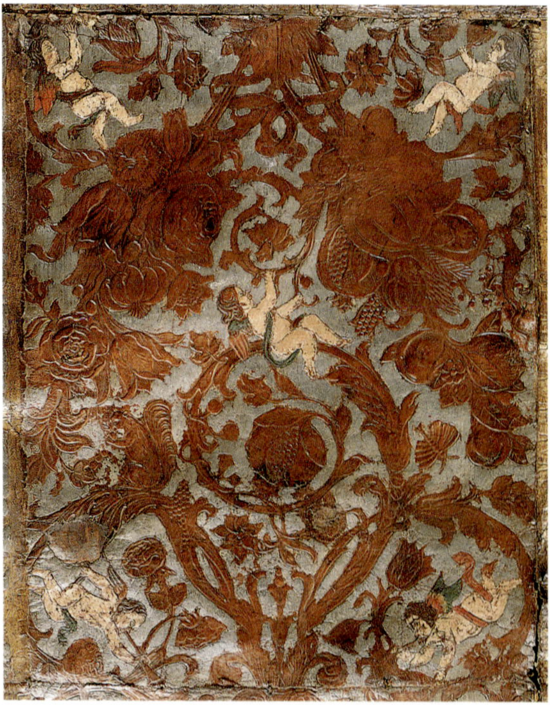

Ledertapete
Niederlande, um 1700
Leder, geprägt, punziert, versilbert, bemalt; Goldfirnis
H. 358 cm, B. 181 cm
Inv. Nr. 1887,976

Wände mit Ledertapeten zu verkleiden, gehörte zu der prächtigsten und vornehmsten Art der Raumausstattung. Die Technik der Lederherstellung geht auf den Vorderen Orient zurück. Über die Mauren in ganz Spanien verbreitet, gelangte die Lederkunst, vor allem die »Goldledertapete«, bald nach Italien und Frankreich. Auch die Niederlande gewannen bei der Herstellung von Ledertapeten ab 1628 durch eine besondere Methode der Reliefprägung an Bedeutung. Die mit Hilfe von Modeln nach vorgegebenen Maßen hergestellten Tapetenteile wurden zu breiten Wandbahnen zusammengesetzt. Hier sind es vier Segmente mit fünf Putten in symmetrischem Rankenwerk mit großen Blüten, kleinen Eichhörnchen und Schmetterlingen. Gerahmt wird das Bildfeld von Pilasterstreifen mit einem aus der Renaissance bekannten Ornamentrapport aus Kandelabern mit Weinranken und Blattwerk. Vorbilder für die Bildmotive lieferte neben den textilen Geweben auch der zeitgenössische Ornamentstich. *ChK*

Ebenholzschrank mit Kissenfüllungen in Schildpatt
Niederlande, um 1660/80
Konstruktionsholz: Eiche, Mahagoni, gedreht; Furnier und Schnitzwerk: Ebenholz, Schildpatt, rot hinterlegt; Innen: Palisander, furniert; Beschläge: Eisen
H. 229 cm, B. 242 cm, T. 92 cm
Inv. Nr. O-1967,28

Die effektvolle Kombination der beiden wohl kostbarsten exotischen Materialien Ebenholz und Schildpatt bezeugen den Reichtum der Niederlande, die um 1600 Spanien als führende Kolonialmacht abgelöst hatte. Der Schrank ist in seiner klassischen Gliederung von Sockel, Kasten und schwerem Gesims auf die Frontansichtigkeit ausgelegt. Es gibt weder die auf Eck gestellten noch die spiralig gewundenen Säulen späterer Jahre. Die beiden Türflächen, aber auch die Schrankseiten sind durch Kissenfüllungen besetzt. Wie eine Schmucksteineinfassung tragen sie das rot leuchtende Schildpatt und sind von solcher Tiefe, dass in ihnen eine Reihe kleiner Schubkästen Platz findet, die auf der Türinnenseite hinter einer Schiebelade versteckt sind. Ein besonderer Reiz des Möbels liegt in der kunstvollen Modellierung des Schwarz. *ASt*

Kabinettschrank (Aufsatzschrank)

Danzig, um 1700
Konstruktionsholz: Eiche; Furniere: Nussbaum, Palisander, Mahagoni; Beschläge: Messing
H. 243 cm, B. 132 cm, T. 53 cm
Inv. Nr. 1911,115

Neben massiven Dielenschränken (»Schapps«) gehörten Aufsatzschränke mit zierlichem Untergestell auf gedrechselten Füßen zur gängigen Möblierung barocker Patrizierhäuser in Danzig.

Außer dem zweiteiligen Schrank im Berliner Kunstgewerbemuseum ist kein weiteres Danziger Exemplar erhalten, das im Inneren ein Kabinett birgt: insgesamt 17 Schubfächer und

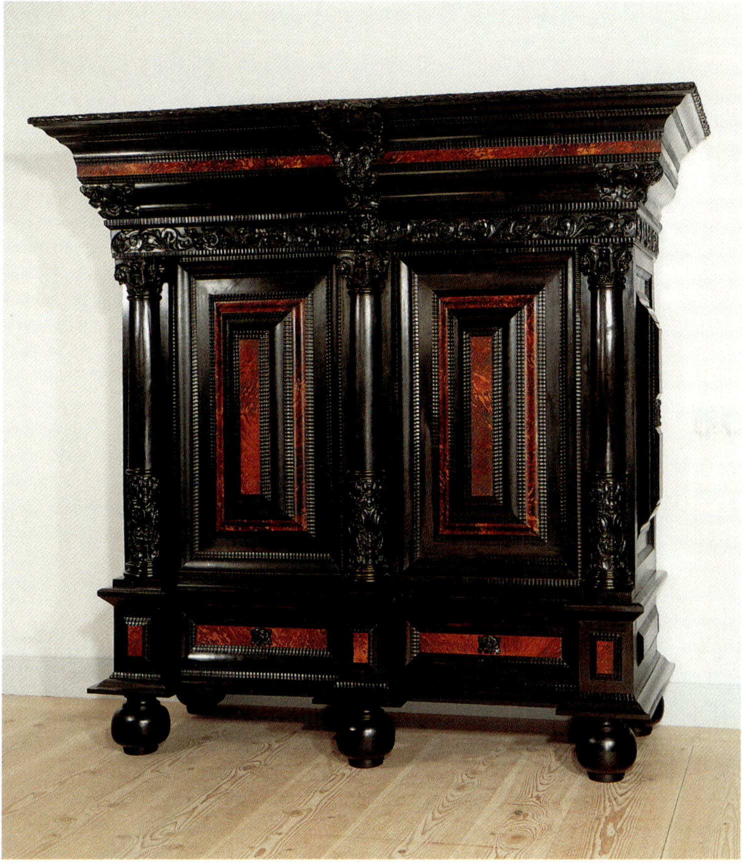

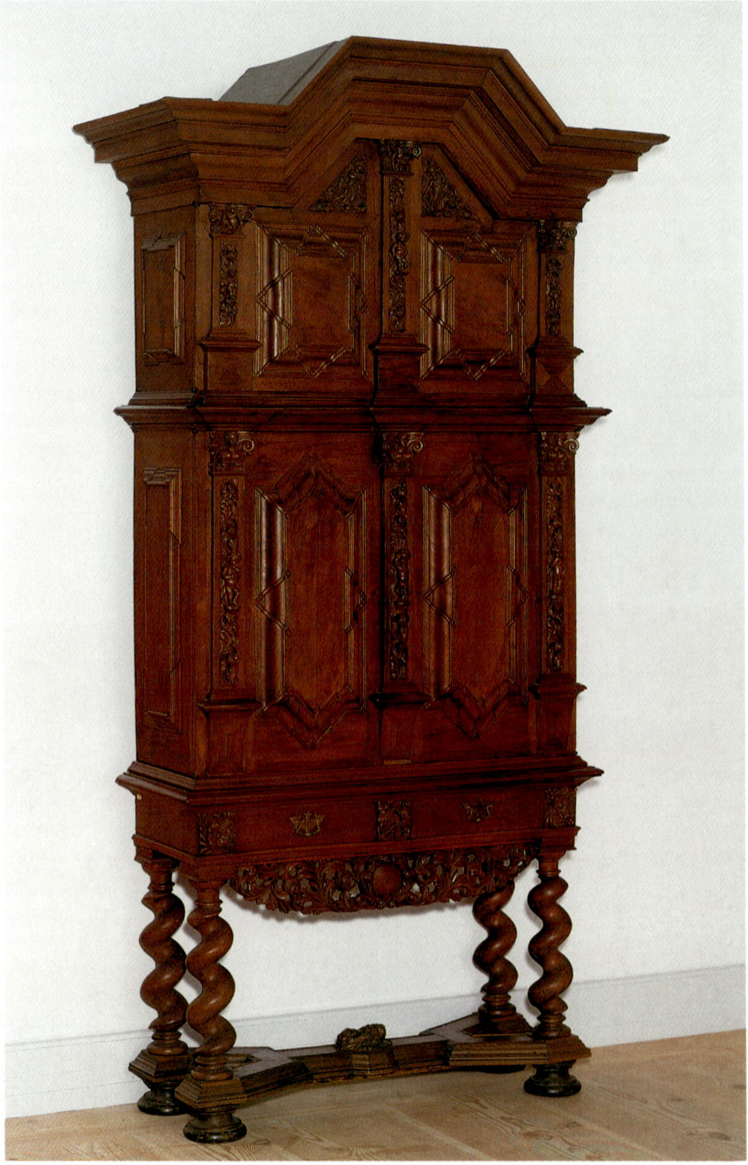

ein großes Mittelfach mit Tür, hinter der sich 14 weitere Schubfächer befinden. Die Verarbeitung wartet mit raffinierten Details auf: Das Untergestell besitzt zwei Blendschubfächer, den Hohlraum dahinter kaschiert die für Danzig typische durchbrochene »Schürze« mit Akanthusranken. Die kissenartigen Füllungen der Türen, das markant profilierte Gesims und die ornamentalen und figürlichen Schnitzereien (tanzende Putten und zwei weibliche allegorische Figuren im Giebelfeld des Aufsatzes) zeugen vom hohen Standard der niederländisch beeinflussten Möbelproduktion in den Handelszentren des Ostseeraums. *WCo*

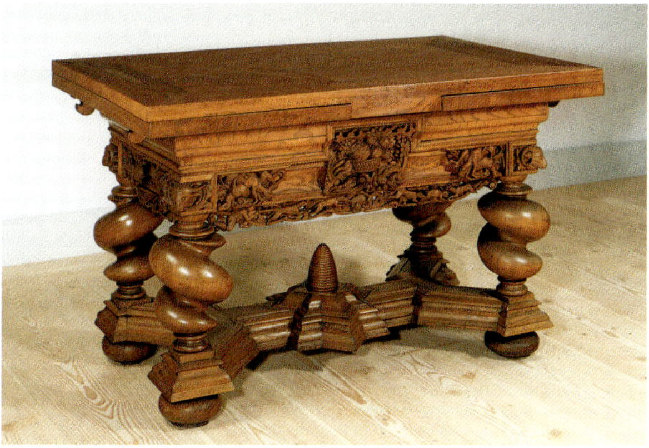

Ausziehtisch
Valerius Romp
Danzig, 1700
Konstruktionsholz: Nadelholz;
Furnier und Schnitzwerk: Esche
Sign.: »Valeri Jus. Romps Anno 1700«
H. 89 cm, B. 149 cm, T. 91,5 cm
Inv. Nr. 1890,168

Der Tisch misst im ausgezogenen Zustand 270 cm und war somit auch für festliche Anlässe geeignet. Das seit der Renaissance bekannte Konstruktionsprinzip der Kulissenauszüge wird noch heute bei Ausziehtischen verwendet. Die breite profilierte Zarge ist ringsum mit Schnitzereien, an der Hauptschauseite mit einer durchbrochenen Schürze verziert. An den vier Eckpunkten befinden sich von Vögeln flankierte Widder- und Ochsenköpfe, zugleich die Kapitelle der gewundenen, gedrechselten Beine. Die Längsseiten zeigen figürliche Reliefs: einen Bediensteten vor einem von Speisen und Getränken überquellenden Tisch und verschlungene Ranken mit einer Jagdszene. Die Schmalseiten illustrieren Tafelfreuden durch Darstellungen von Weinfässern, Trinkgeschirren, Wildbret und Musikinstrumenten.

Der Tisch ist eines der seltenen signierten Danziger Möbel und zugleich das einzige bekannte Werk des Valerius Romp, der sich an verdeckter Stelle im Gestell verewigt hat. *WCo*

Armlehnstuhl
Danzig, um 1700
Birnbaum; Bezug: Leder
H. 145 cm, B. 78 cm, T. 86 cm
Inv. Nr. K 2595

Die Grundform des Stuhls greift niederländische Vorbilder auf. Ungewöhnlich für Danziger Möbel ist die mit geometrisch angeordneten Nägeln fixierte rotbraune Lederbespannung, typisch dagegen die durchbrochene Schnitzerei der Lehne und der Querstreben zwischen den spiralförmigen Beinen. *WCo*

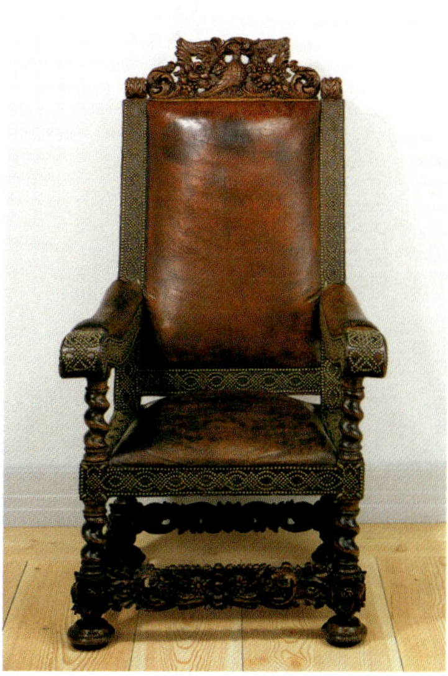

Spiegelkabinett aus Schloss Wiesentheid
Johann Georg Neßtfell
Wiesentheid (Franken), 1724/25
Konstruktionshölzer: Kiefer, Nussbaum, Linde; Marketerie: Nussbaum, Pappel (grüngefärbt) und andere Hölzer, Zinn und Perlmutter
Raumgröße: H. 296 cm, B. 342 cm, T. 622 cm
Inv. Nr. 1943,36
Fußboden Leihgabe aus Privatbesitz

Das Spiegelkabinett gehört zu einem Appartement, das Rudolf Franz Erwein Graf zu Schönborn für sich im Obergeschoss des Schlosses im fränkischen Flecken Wiesentheid einrichten ließ. Die neun Zimmer nehmen die Gartenseite des Renaissancebaus ein, in deren Mitte der Balkon des Spiegelkabinetts liegt. Die früh verbriefte Bezeichnung als Spiegelkabinett geht auf die stark verspiegelte Stuckdecke und einen ursprünglich größeren Spiegel auf der Stirnwand zurück. Die Decke ist noch heute im Schloss vorhanden. Es gehört zum besonderen Glück der gegenwärtigen Präsentation, dass der originale, aufwändig marketierte Tafelfußboden als Dauerleihgabe nach über 130-jähriger Trennung zusammen mit dem Getäfel gezeigt werden kann.

Die Wandverkleidung besteht aus einem Gerüst schlanker Rahmenfelder, die insgesamt acht breitere Füllungsflächen präsentieren. Dabei wird die gesamte Gliederung über die Marketierung der Fläche erzielt und wirkliche Profile sind nur sehr sparsam eingesetzt. Heller und dunkel gemaserter Nussbaum und grüngestreifte Bänder sind die wesentlichen Elemente dieser Dekoration, die dem zu Anfang des 18. Jahrhunderts modernen Stil des Laub- und Bandelwerks folgt. Das zentrale Motiv der breiten Füllungen zeigt eine kostbare Garnitur aus einem Postamenttisch, der vor einem textil anmuten-

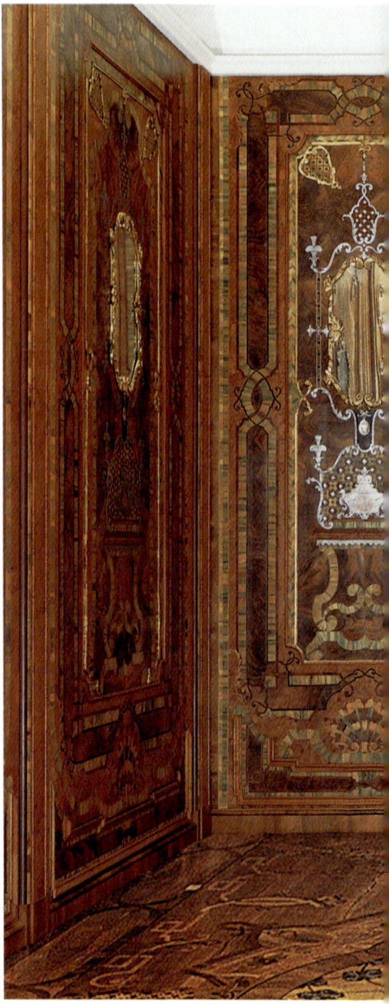

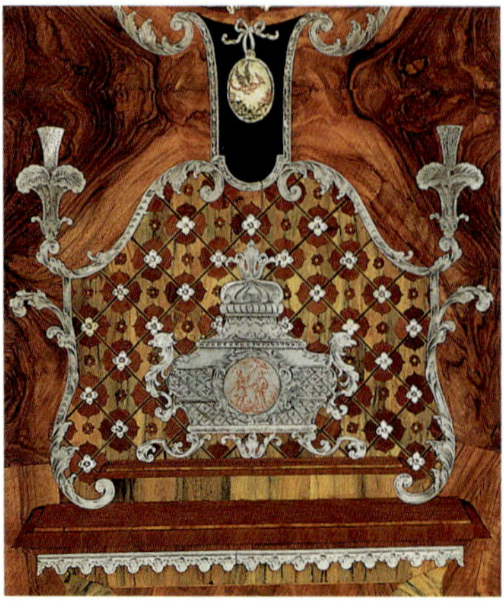

Detail: Zinneinlegearbeiten des Spiegelkabinetts

den Dekor einen wohl silbernen Tafelaufsatz trägt. Darüber befand sich einst das Herzstück der Ausstattung, denn an Stelle der erst später eingefügten Spiegel saßen in den vergoldeten Rahmen acht Bildtafeln, die unter den Wappen der Schönborn Szenen aus dem Leben des Kaisers von China zeigten.

Als der Tischlermeister Johann Georg Neßtfell (1694–1762) seine Rechnung für das Kabinett stellte, berechnet er für die in 85 Wochen mit zwei Gesellen und einem Lehrjungen geleistete »fürnehmbste fournir arbeith« ohne die acht Bildtafeln 508 Gulden – ein ganzes Haus am Würzburger Rathausplatz kostete kaum das Doppelte.

Zur originalen Ausstattung gehörte neben dem großen Spiegel noch ein Ensemble aus einem Konsoltisch, zwei Tabourets (vierbeinige Hocker) und einer Tischuhr. Alle Teile waren wie die verschollenen Tafeln in kostbar gravierter und gefärbter Boullemarketerie dekoriert. Sie unterstrichen so den repräsentativen Charakter dieses bedeutenden Werks barocker Raumkunst. *ASt*

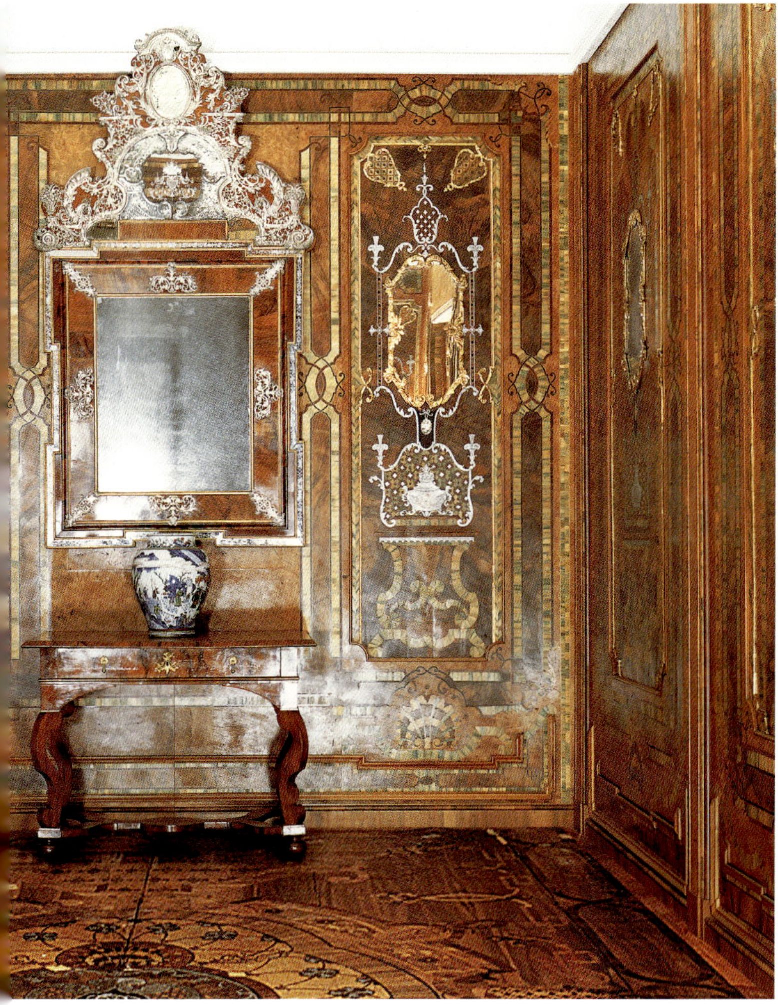

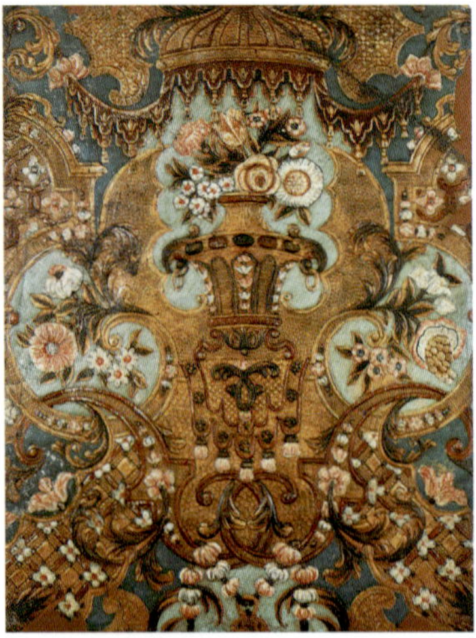

Ledertapete

Niederlande (?), um 1703/25
Leder, geprägt, punziert, versilbert; Goldlack und Ölmalerei
H. 358 cm, B. 180 cm
Inv. Nr. 1897,53

Das Herstellen von Ledertapeten vollzog sich noch bis ins 18. Jahrhundert in alter Tradition (S. 80). Um 1700 erfolgte allerdings ein stilistischer Umbruch im höfisch geprägten Barock. Innenarchitekten wie Jean Bérain und Daniel Marot initiierten mit ihren Entwürfen eine neue Stufe der Ornamententwicklung. Sie schufen ein neues, flaches Rahmenornament aus Bändern, Blattwerk und C-Schwüngen, das, obwohl symmetrisch angelegt, frei auf der Fläche spielte. Es bestimmt auch den Dekor dieser Ledertapete. Im Mittelpunkt steht ein sehr typisches, mit Baldachin überhöhtes Vasenmotiv. Es wird begleitet von blumenbesetzten Bandwerkschwüngen, die aus einem Gitterwerk heraustreten. Der Fond des Motivs ist türkisblau, die Blüten sind in feinen Schattierungen hell gemalt und das ganze rahmende Beiwerk mit Baldachin wird durch die rötliche Tönung des Goldlacks hervorgehoben. Das grafische Vorbild bildeten die Textilentwürfe Daniel Marots aus der Zeit um 1703. *ChK*

Kabinettschrank aus dem Holländischen Palais in Dresden

Martin Schnell
Dresden, um 1710/25
Konstruktionshölzer: Fichte, Kiefer (Schubkästen, Korpus), Apfel (Schubkastenvorderstücke); Furnier: Apfel; Lackmalerei (Streulack?); Beschläge und Masken: Bronze, feuervergoldet und in Kaltemailtechnik bemalt
H. 165 cm, B. 122 cm, T. 52 cm
Inv. Nr. W-1980,106

Ende des 17. Jahrhunderts waren die exotisch anmutenden Bilderwelten der fernöstlichen Kultur an den europäischen Höfen sehr beliebt. Anfangs

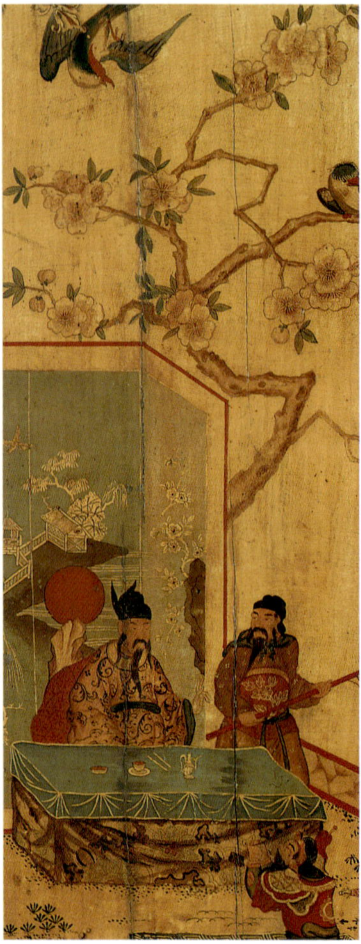

Detail: Linke Tür des Kabinettschranks

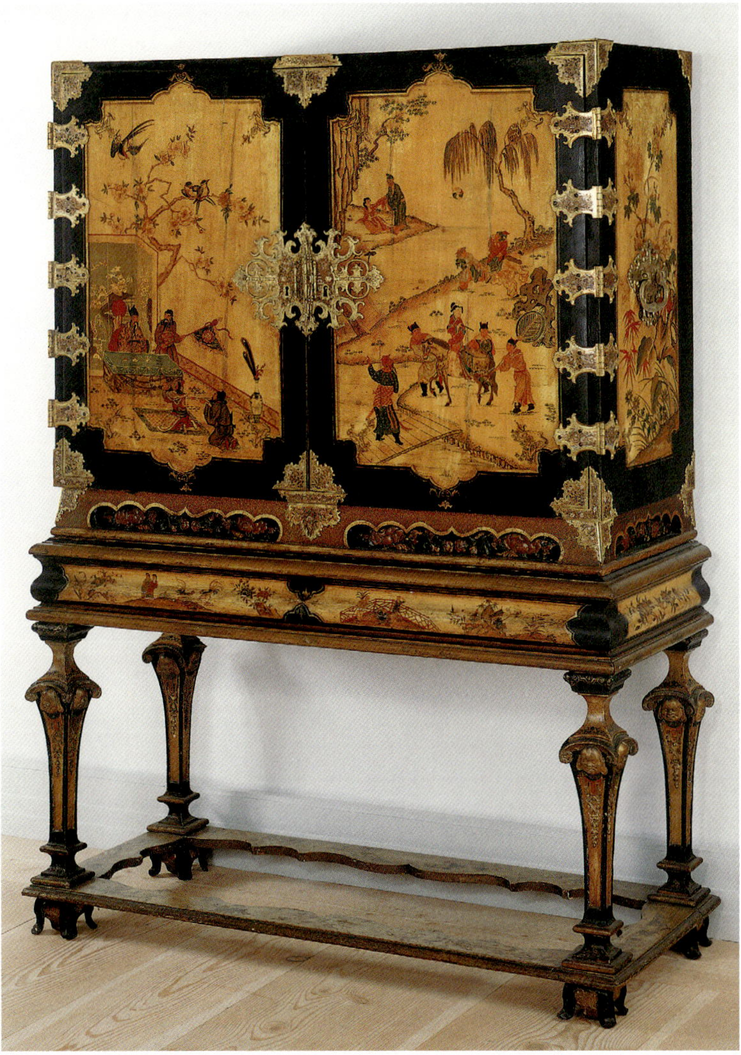

wurden die aus Japan und China importierten Kabinettkästen auf Tische gesetzt. Später entwickelte sich aus dieser Kombination ein neuer, eigenständiger Möbeltyp, das so genannte *Cabinet de la Chine*.

Auf den Außenseiten des Möbels bildet Schwarz den Rahmen für die heute stark vergilbten Flächen mit den farbigen chinesischen Szenen. Beim Öffnen der Türen zeigt sich ein anderer Farbklang, hier tragen goldene Rahmen leuchtend rote Füllungen mit Goldmalerei. In den dargestellten Szenen vermischen sich europäische Phantasien mit fernöstlichen Vorbildern.

Die Gestaltung des Gestells und Details der Lackarbeit weisen das Stück als Dresdner Arbeit aus. Dort war Martin Schnell (um 1675 – um 1740) seit 1710 der führende Lackkünstler. Die großen, früher weißen Tafeln mit der farbigen Malerei liegen hinter illusionistisch gemalten Schattenkanten leicht vertieft und sind offensichtlich als Imitation von Porzellanfüllungen konzipiert. *ASt*

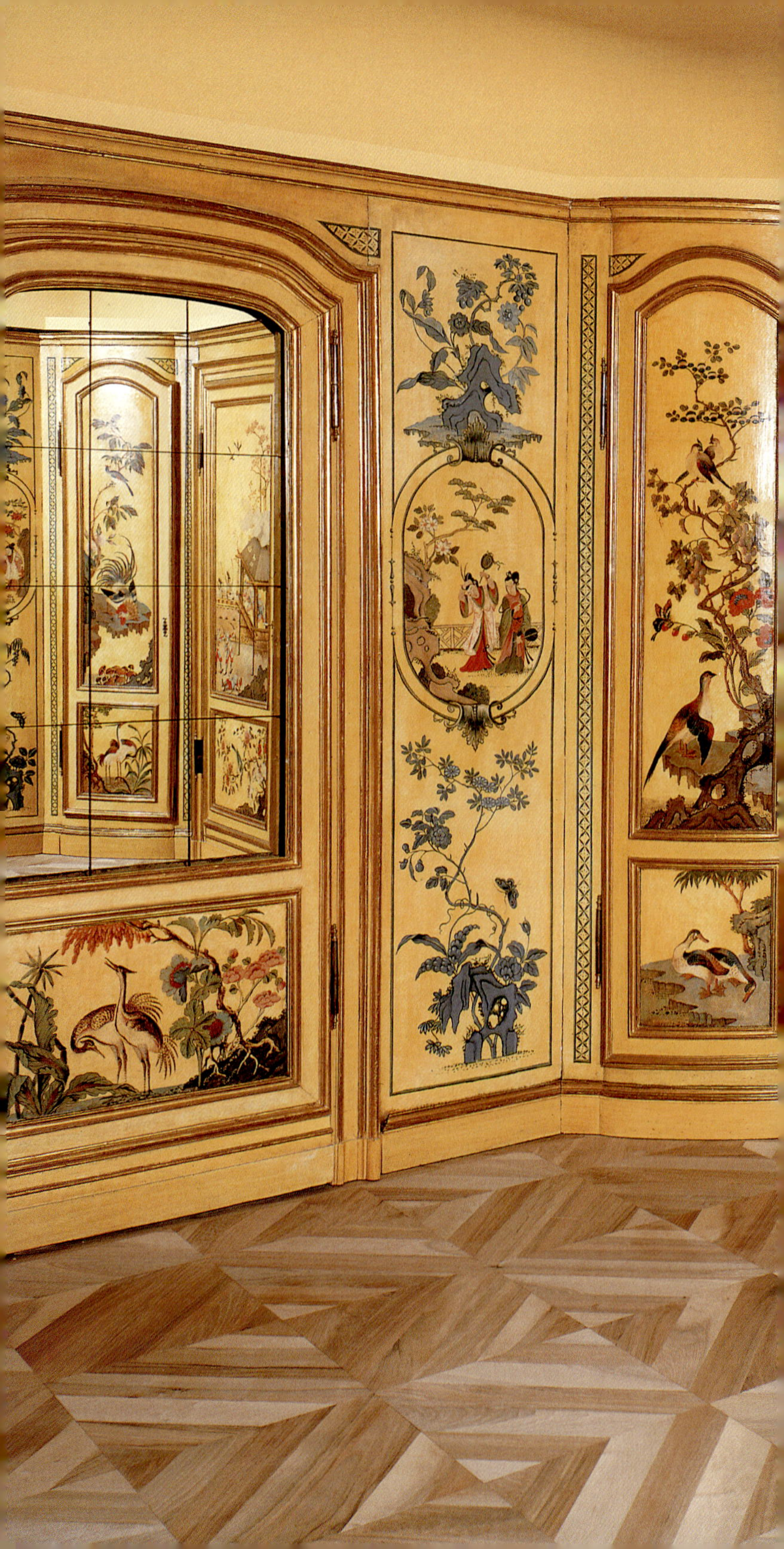

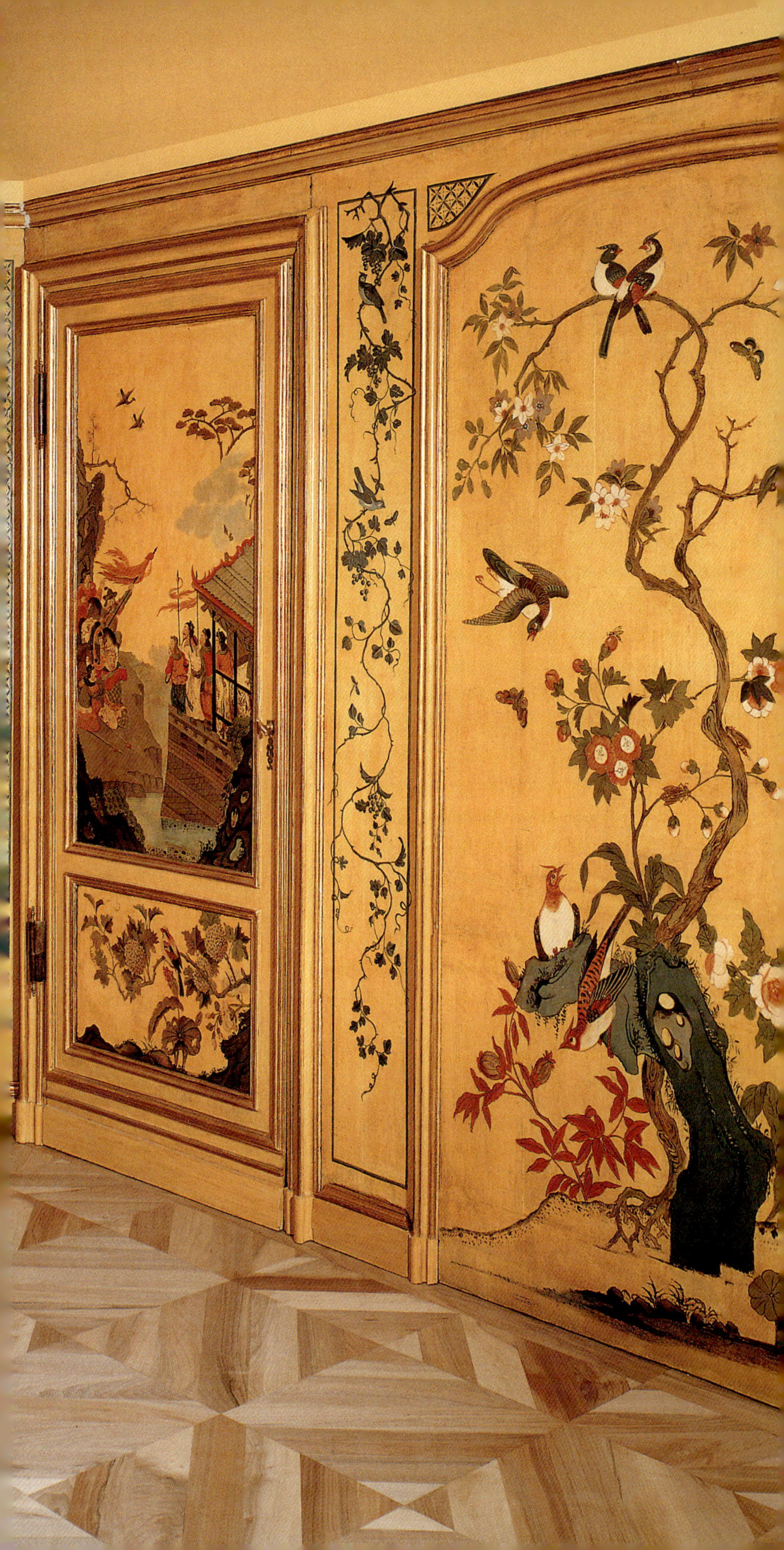

Rokoko

An die Seite der barocken Repräsentation und ihrer machtvollen Erstarrung tritt mit dem Rokoko das Bedürfnis nach Privatheit und Leichtigkeit – die Flucht aus den Sälen und repräsentativen Räumen führt in kleinere Kabinette und Boudoirs, in Pavillons und Gartenhäuser. Das Rokoko ist Weiterentwicklung des Barock und Gegenbewegung zugleich, daher existieren auch beide Stilformen bis Mitte des 18. Jahrhunderts vielfach nebeneinander.

Führend war Frankreich, die Anfänge des neuen Stils fallen in die Regierungszeit Philipps II. (1715–1723); hinzu kam ab der Jahrhundertmitte der Einfluss aus England. Der englische Landschaftsgarten stand mit seiner kunstvollen Natürlichkeit und seinen unterschiedlichen Stimmungen in diametralem Widerspruch zur hierarchisch strengen Anlage des barocken französischen Gartens. Obwohl Preußen und Hannover enge dynastische Beziehungen zu England besaßen, galt die Vorherrschaft der französischen Kultur in ganz Deutschland. Die Zentren des Rokoko lagen hier in den großen Residenzen wie Berlin, Potsdam, Wien und Dresden.

Die vorherrschende Bestrebung war die Verschmelzung aller Einzelformen zu einer kontinuierlichen Raumform. Dazu gehörten die Auflösung der Raumgrenzen, der oval ausgeweitete Grundriss, die wuchernde Fülle der Ornamente und phantastische Scheinarchitekturen, verkörpert in der *Rocaille*, einem muschelförmigen, weit geschwungenen asymmetrischen Ornament. Mit der Auflösung der klassischen architektonischen Gliederung, die dem Tragen und Lasten der Kräfte Ausdruck verleiht, erscheint die atmosphärisch gewordene Wand in subtilen Schichten. Der flüchtige Moment wechselnder Raumwirkungen steht im Mittelpunkt und wird durch die Farbigkeit und durch flackernde Lichter gespeist, die sich in den Reflexen der Vergoldung brechen. Beispielhaft sind die den Gärten geöffneten Pavillons, die farbvollen Nachempfindungen fernöstlicher Lackarbeiten und die changierenden Seidenstoffe, mit denen Frankreich ganz Europa belieferte. Auch die Möbel verschmelzen in Form und Farbe mit dem Raum, sie werden leichter, kleiner und der Komfort gewinnt an Bedeutung.

Vor allem aber im Porzellan finden die Eigenheiten des Rokoko ihren Ausdruck. Die Zartheit der dünnwandigen Gefäße, ihr heller Schimmer und die leuchtenden Farben begeisterten die Europäer. Porzellankabinette mit chinesischem und japanischem Porzellan gehörten bei den Fürsten zu den Prunkstücken ihrer Schausammlungen. Der hohe Preis des »weißen Goldes« und die Abhängigkeit von den Importen beförderten vielerorts die Bemühungen, das Geheimnis der Porzellanherstellung zu enträtseln.

August der Starke (1694–1733) gründete schließlich mit seinem Alchimisten Johann Friedrich Boettger im Jahre 1710 in Meißen die erste Porzellanmanufaktur Europas. Ihr folgten bald weitere Manufakturen in allen wichtigen Residenzen. Ein besonderer Rang kommt hier der Königlichen Porzellanmanufaktur in Berlin zu, die sich der persönlichen Förderung durch Friedrich den Großen (1740–1786) erfreute.

Das lange Ende des Rokoko setzte um 1765 ein und dauerte mit dem *Ancien régime* bis in die 1780er Jahre fort. Es fällt zusammen mit der französischen Revolution und dem Beginn der modernen bürgerlich geprägten säkularen Zeit, die ihr Weltverständnis auf aufgeklärtes Wissen zu gründen sucht und der ostentativen höfischen Prachtentfaltung ein Ende setzt. *ASt*

Vorhergehende Doppelseite: Lackkabinett aus dem Palazzo Graneri in Turin, um 1740/50 (S. 98)

Wandpaneel
Paris, um 1730
Eichenholz geschnitzt, weiß gefasst und vergoldet (Polimentvergoldung)
H. 259 cm, B. 101 cm
Inv. Nr. 1895,68

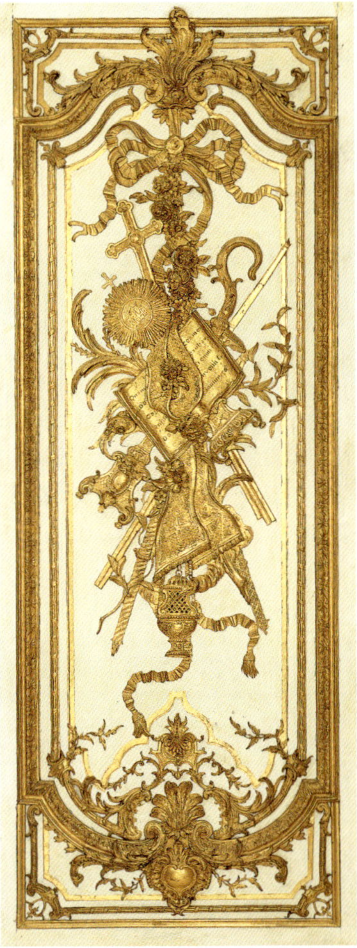

Mit seinem nicht ausgestellten Pendant gehörte dieses Paneel zum oberen Abschnitt einer Wandverkleidung, die von einer mittelhohen Lambriszone, d.h. dem unteren Teil der Wandfläche, getragen wurde. Sie dürften aus dem Appartement eines hohen kirchlichen Würdenträgers stammen, denn sie zeigen große vergoldete Festons aus liturgischem Gerät. Präzise dargestellt finden sich unter anderem ein Bischofsstab und eine Mitra, eine Strahlenmonstranz, Palmzweige und zwei Stolen.

Die Gehänge sind auffallend groß und werden in Spiegelflächen präsentiert, die dem eigentlichen Rahmensystem vorgeblendet scheinen. Im Zentrum sitzt unten eine große, streng pyramidal aufgebaute symmetrische Rocaille. Sie steht am Anfang einer langen stilistischen Entwicklung und liefert einen wichtigen Anhaltspunkt für die Datierung. Details wie Punzierungen und Gravuren erzielen die Wirkung von Goldschmiedearbeiten. Solch aufwändig geschnitzte Wanddekore gehörten im frühen 18. Jahrhundert zu den Spezialitäten französischer Raumkunst. Berühmte Bildhauer wie Jacques Verberckt arbeiteten in Versailles nach Entwürfen von Robert de Cotte und Ange-Jacques Gabriel.

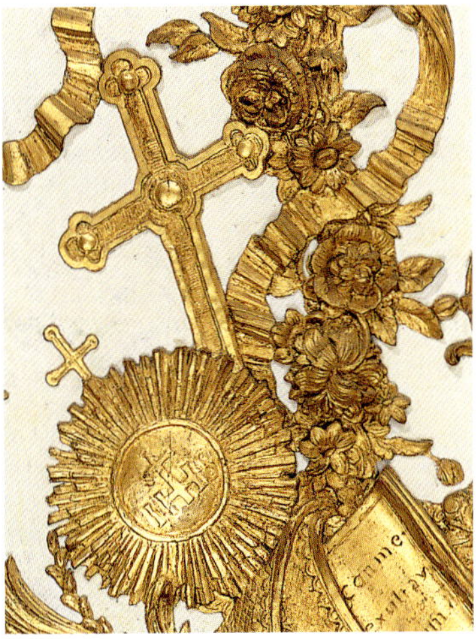

Detail: Strahlenmonstranz und Kreuz

Gerade bei Objekten mit reicher Blattvergoldung und differenzierten Oberflächen sollte sich der Betrachter die Wirkung der Beleuchtung durch Kerzen hinzudenken: In deren flackerndem Licht scheinen sich die Gehänge leicht in ihren Schleifen zu wiegen. Diese Illusion wird besonders durch die Staffelung der Komposition und die zarten Überschneidungen der flatternden Bänder, Palmspitzen und Stabenden erreicht. *ASt*

Entre-fenêtre mit Ranken
Frankreich (Paris?),
Anfang 18. Jahrhundert
Seidenrips, farbige Seiden,
Metallfäden
H. 52 cm, B. 22 cm
Inv. Nr. W-1966,60

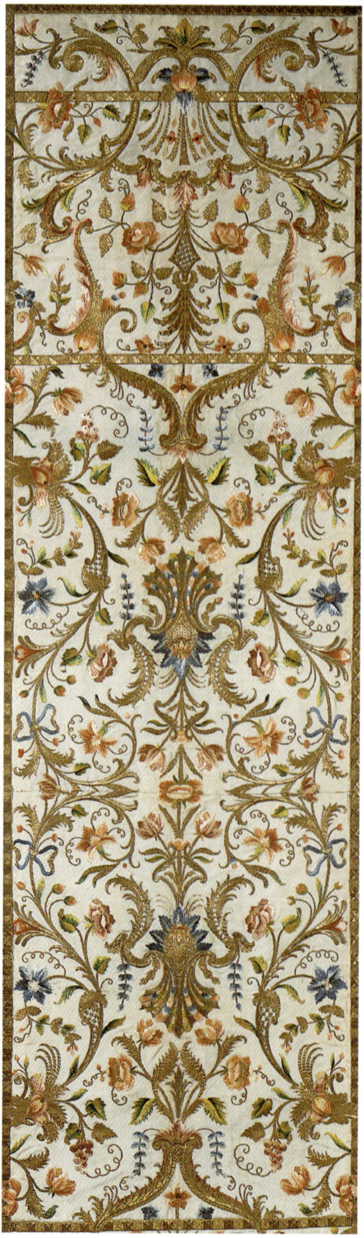

Die Wandverkleidung ist durch eine axialsymmetrische und gespiegelte Komposition aus stilisierten Palmetten, Früchten, Blüten und Blattranken, durchsetzt von Schleifen, Gittern, stilisierten Vasen und Füllhörnern geprägt. Unterschiedliche Stichtechniken und changierende Farben schaffen eine gewisse Räumlichkeit in dem dichten, kleinteiligen und bewegten Dekor. Dieser ist charakteristisch für den Stil der Régence, der in Frankreich, unter der Regentschaft Philipps von Orléans, den Übergang vom Barock zum Rokoko markiert. Französische Innenräume dieser Epoche zeigen häufig gerahmte Wandverkleidungen, meist Seidenstoffe, die aber aufgrund ihrer Empfindlichkeit selten erhalten sind. Die schmale, hohe Form dieser Stickerei deutet auf ihre Verwendung zwischen Fenstern oder Spiegeln hin. *SN*

Wandtisch
Frankreich, um 1730/40
Nussbaum, geschnitzt, gefasst;
schwarz-weiße Marmorplatte
H. 85,5 cm, B. 156 cm, T. 76,5 cm
Inv. Nr. 1914,59

Die glatte Ausformung des rückwärtigen Zargenbrettes deutet darauf hin, dass der Tisch als Wandtisch fest in das Dekorationssystem eines Raums eingebunden war und vor einem Wandpfeiler mit einem hohen Spiegel gestanden haben dürfte. Auffällig ist daher die vollständige Durchmodellierung auch der beiden hinteren Beine. Hier finden sich zwei der insgesamt vier Figuren, die als männliche und weibliche Personifikationen der vier Jahreszeiten gestaltet sind und nach unten in einem leicht geschwungenen Bein mit Bocksfuß enden.

Die Zarge ist, obwohl die Stabilität des Tischs wesentlich von ihr abhängt, fast völlig aufgelöst. Vor einem zarten Gitterwerk sind Blumengehänge gespannt, die vorn in der Mitte eine große Kartusche mit einer idyllischen Hirtenszene halten. *ASt*

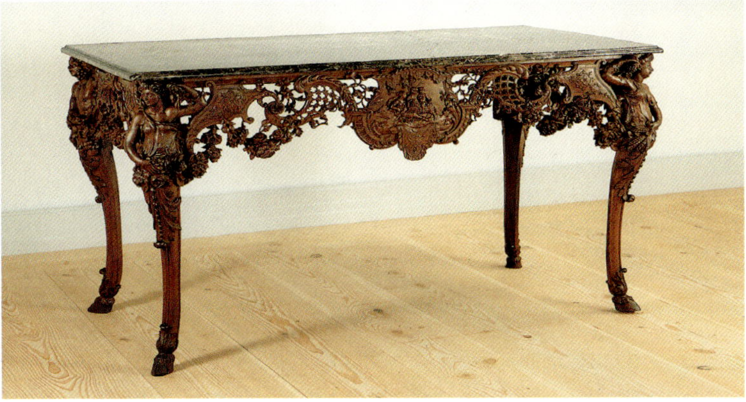

Standuhrkopf
Charles Cressent (?)
Uhrwerk: Louis-François-Robert Gilbert
Paris, um 1730/35
Bronze, feuervergoldet; Furnier: Schildpatt mit Messingeinlagen; Email
H. 135 cm, (ursprünglich insgesamt 309 cm), B. 50 cm, T. 28 cm
Inv. Nr. S 640

Das Uhrgehäuse ist von kostbarer Ausstrahlung, die durch vergoldete Bronzen und Skulpturen bestimmt ist. Schlanke Schildpattrahmen mit dunklem Fond, aus dem Gitterkartuschen aus Messing hervorleuchten, bilden das Gehäuse. Das Ziffernblatt aus Email wird hinter dem Glas einer Tür präsentiert, auf der ein bronzener Amor Zuflucht im Schoß der Venus sucht. Vier Meereswesen flankieren die Uhr und auf dem Dach, das sich unter Akanthusblättern wölbt, thront der Gott Apoll. Das Gehäuse stand ursprünglich auf einem seit 1945 verschollenen Postament, in dem die Gewichte und das für die Anzeige der Sekunden notwendige lange Pendel hingen. Um 1730/35 war es noch nicht zu einer Verschmelzung von Uhrkopf und unterem Gehäusekasten gekommen.

Während der auf dem Zifferblatt signierte Uhrmacher Gilbert für das Uhrwerk verantwortlich ist, lässt sich der Schöpfer der ganzen prachtvollen Uhr nicht nachweisen. Für eine Zuschreibung an Charles Cressent (1685–1768), den berühmtesten Ebenisten des französischen Régence, spricht die hohe Qualität der Bronzen. Er war von Hause aus Bildhauer, daher galt seine besondere Aufmerksamkeit dem vergoldeten Skulpturenschmuck, den er auch gegen den Widerstand der Zunft in seiner eigenen Werkstatt anfertigte. *ASt*

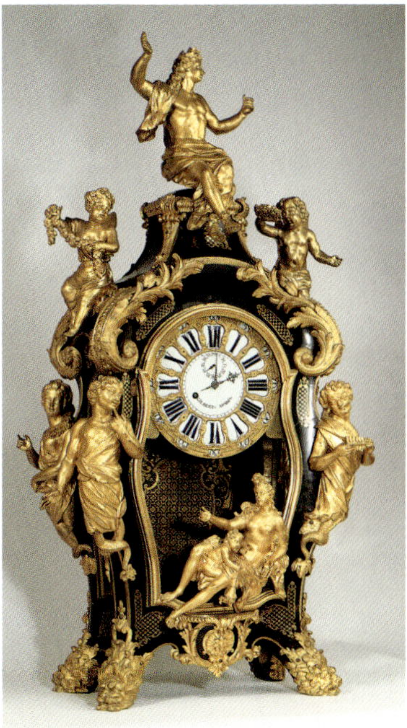

Sitzbank und zwei Armlehnstühle

Frankreich, um 1750
Nussbaum, Reste ehemaliger Fassung;
Bezüge: Bildwirkerei aus Wolle und Seide
Stühle: jeweils H. 101 cm, B. 71 cm, T. 70 cm; Bank: H. 109,5 cm, B. 196 cm, T. 86 cm
Inv. Nr. W-1988,28 a,b,c

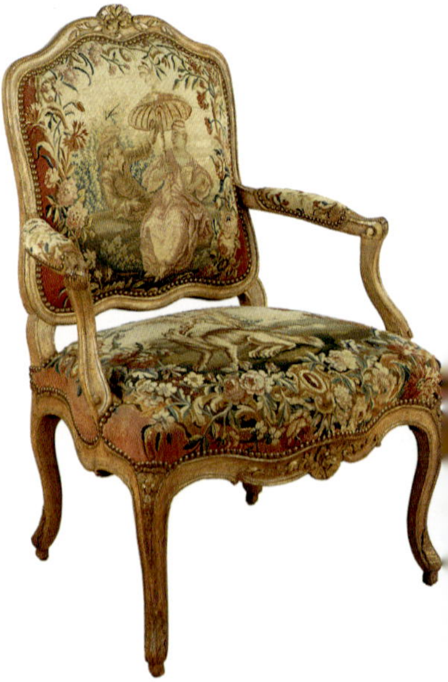

In den Stadtpalais des Adels waren Möbel dieser Art vor den Wänden aufgestellt. Sitzmöbel mit konkaver Form und offenen Seitenteilen bezeichnete man seit etwa 1750 als *siège en cabriolet*, weil ihre Form den damals entwickelten offenen Kutschwagen verwandt war. Die geschnitzten Gestelle mit eleganten, C-förmigen Kurvaturen im Louis-XV.-Stil überspielen das eckige tektonische Gerüst. Die sparsamen Schnitzereien – gebuckelte C-förmige Auflagen an den Lehnen, an den Beinen Rosen und Blumenfestons – lassen keinen Rückschluss auf eine Werkstatt zu. Ungewöhnlich gut erhalten sind die textilen Bezüge der Sitze und Lehnen. Die Rückenlehnen 0zeigen die damals beliebten Pastoralen, d.h. Szenen mit erotischen Untertönen in idyllischer Naturkulisse: auf der Lehne des Sofas ein höfisches Picknick, auf den Rückenlehnen der Stühle ein Mädchen auf einer Schaukel mit ihrem Kavalier sowie eine von einem Verehrer umworbene Dame mit Sonnenschirm. Beide Szenen gehen auf den Maler Nicolas Lancret (1690–1745) zurück. Der Bezug des Sofa-

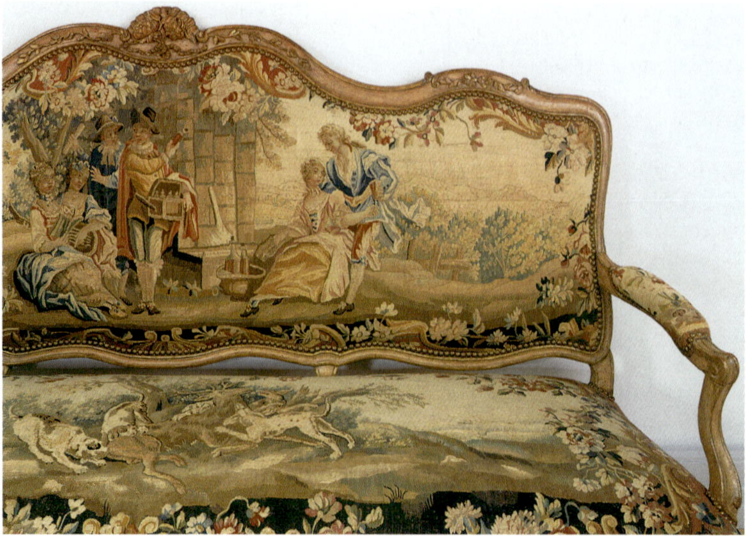

sitzes zeigt eine Hirschhatz, die Stuhlsitze Darstellungen der Tierfabeln des antiken Dichters Äsop. Alle drei Sitzbezüge basieren auf Vorlagen des Malers Jean-Baptiste Oudry (1686–1755). Material, Bildprogramm und Ausführung der Bezüge deuten auf die französische Stadt Aubusson hin, wo zahllose Variationen der Fabeln nach Oudrys Entwürfen entstanden. Als Material diente meist Wolle. Die Bezüge der Sitzgruppe im Kunstgewerbemuseum sind zusätzlich mit seidenen Glanzlichtern versehen. *WCo*

Standuhr
Lüttich, um 1740
Eichenholz; Uhrwerk: Messing, Email
H. 263 cm, B. 58 cm, T. 34 cm
Inv. Nr. 1895,156

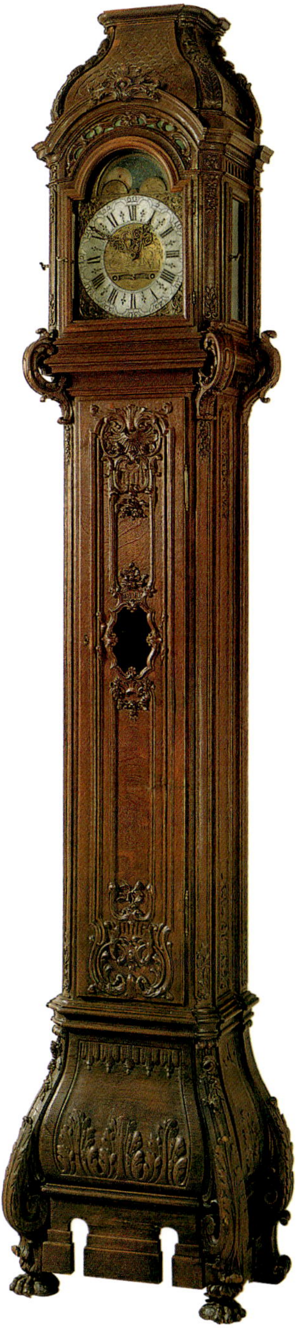

Die kulturell und wirtschaftlich eng verflochtene Region zwischen Aachen, Lüttich und Brüssel avancierte im 18. Jahrhundert zu einem Zentrum der europäischen Möbelindustrie. Lütticher Mobiliar wurde zum Inbegriff bürgerlichen Wohlstands. Während sich zu dieser Zeit in Süd- und Mitteldeutschland furnierte Möbel durchgesetzt hatten, hielt das Maasgebiet am unfurnierten und fein beschnitzten Eichenmöbel fest.

Standuhren gehörten zur Grundausstattung vornehmer Haushalte. Das Exemplar in Schloss Köpenick zeigt den charakteristischen dreiteiligen Aufbau: ein auf Klauenfüßen ruhender, bauchiger Pendelkasten mit abgeschrägten Ecken, der in den lang gestreckten Korpus mit Pendelfenster übergeht. Darüber setzt das an der Unterkante von einem kräftigen Profil begrenzte Uhrengehäuse an. Es wird von zwei aus den Eckprofilen entwickelten Voluten eingefasst. Die typische kompakte Grundform der Lütticher Standuhren blieb zwischen 1730 und dem Revolutionsjahr 1789 nahezu unverändert, nur die Ornamentik – Rocaillen und florale Reliefs – erlaubt Rückschlüsse auf die Entstehungszeit. *WCo*

Lackkommode
Léonard Boudin
Paris, um 1765
Konstruktionshölzer: Eiche, Ahorn;
Verkleidung: Lackpaneele, schwarze Lacktechnik auf Kreidegrund;
Beschläge: Bronze, vergoldet;
Platte: französischer Marmor mit mehrfarbigen Einschlüssen
Stempel: »BOUDIN«
H. 86 cm, B. 130 cm, T. 62 cm
Inv. Nr. 1895,40

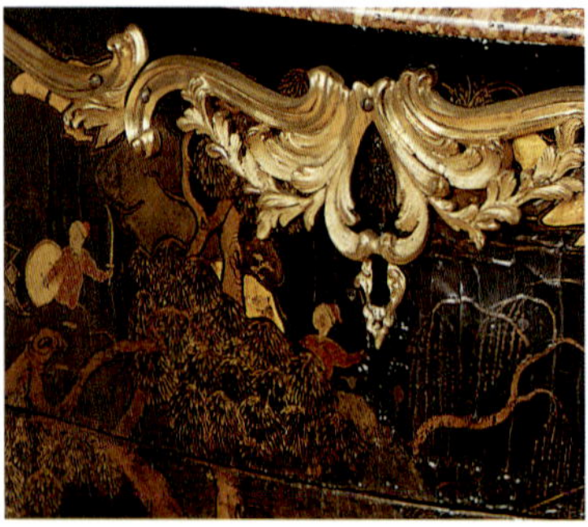
Detail: Schlossbeschlag der Lackkommode

Die Lackkommode ruht auf vier über Eck gestellten, leicht geschwungenen Beinen, die in Korpushöhe stärker ausschwingen. Die Front ist leicht gekrümmt. Vorderseite und Schmalseiten zeigen figürliche Malereien in Rot, Grün, Braun, Pudergold und Silber, die sich durch ihre leuchtende Farbigkeit effektvoll von dem schwarzbraunen Hintergrund abheben.

Um einen knorrigen Baumstamm im Zentrum gruppieren sich unten links zwei Fallensteller bei der Vogeljagd, darüber in einer Felslandschaft ein mit zwei Berittenen kämpfender Knabe mit Schwert und Schild. Rechts unten sind eine Architektur sowie einander verfolgende Reiter dargestellt. Die Schmalseiten zeigen Architekturen in Parklandschaften.

Die Kommode ist ein schönes Beispiel für die Mitte des 18. Jahrhunderts in Paris verfeinerte Mode, modernes Mobiliar mit fernöstlichem Dekor zu schmücken. Anfangs wurden die kostbarsten Arbeiten mit originalen japanischen Lacktafeln

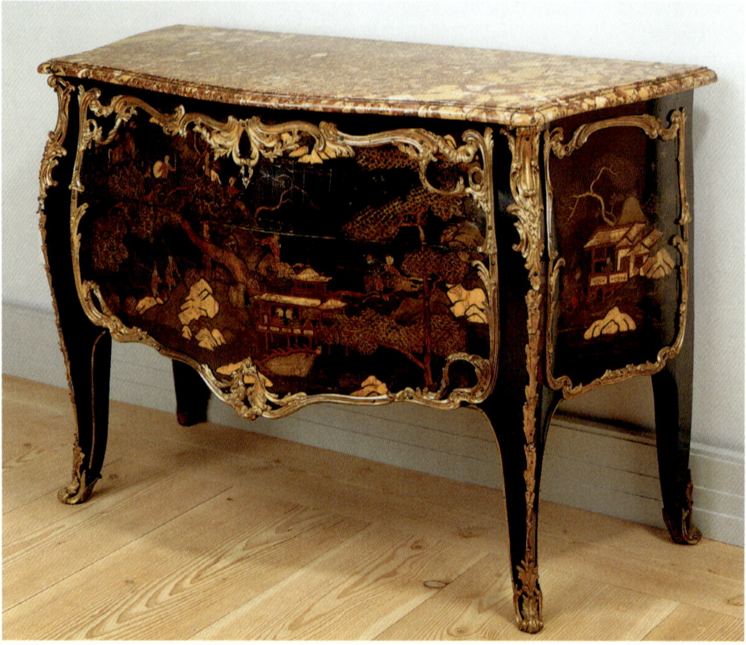

furniert, doch bald wurden sie durch französische Lackarbeit imitiert, die nach ihrem berühmtesten Hersteller als *vernis Martin* bezeichnet wird. Der durch die Marmorplatte verdeckte Stempel an dieser Kommode stammt von dem Pariser Ebenisten Léonard Boudin (1735–1807), der auch für Versailles gearbeitet hat.

Gerahmt werden die Lackbilder von reichen feuervergoldeten Bronzebeschlägen in Rocaille-Ornamentik. Die beiden Schubkästen sind *sans travers* (frz. = ohne Querstreben) gestaltet, so dass das zentrale Lackbild ungestört zur Wirkung gelangt. Die Deckplatte stammt vermutlich aus einem französischen Steinbruch; sie wurde so zurechtgeschnitten, dass die unterschiedlich großen natürlichen Einschlüsse im Stein fast symmetrisch zueinander stehen und die seitlichen Partien als Begrenzungen des grober strukturierten Mittelfelds erscheinen.

Als typische Prunkmöbel dienten Lackkommoden zum Aufstellen von Stutzuhren und Ziergegenständen, häufig solchen, die ebenfalls eine ostasiatische Herkunft vorspiegelten und somit der bis in die zweite Hälfte des 18. Jahrhunderts vorherrschenden Chinamode entsprachen. *WCo*

Duftvase

China, 1662–1722 (Porzellan) und Frankreich, um 1740/60 (Montierung)
Porzellan mit schwarzer Glasur, Goldmalerei und Spuren von Karmesinrot; Bronze, vergoldet
H. (mit Deckel) 40 cm
Inv. Nr. 1901,228

Seit der Existenz fernöstlicher Handelsverbindungen hatte man in Westeuropa chinesische Kunsterzeugnisse geschätzt, gesammelt und später auch nachgeahmt. Porzellan und Lackkunst standen auf der höchsten Stufe der Wertschätzung.

Diese Duftvase mit ihrer tiefschwarz glasierten und mit Gold be-

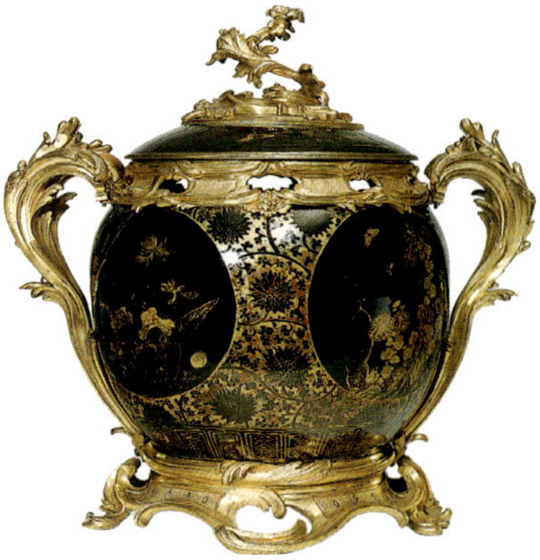

malten Oberfläche ist ein sehr anschauliches Beispiel für die optische Verbindung beider Materialien. Die schwarze Spiegelglasur auf Porzellan (*mirror black*) ist eine Erfindung der Kanghsi-Zeit. Sie entstand dort in Konkurrenz zu dem hoch geschätzten schwarz glänzenden Lack und galt ihrer Glätte und Härte wegen bereits als Sonderleistung. In Europa erfuhren derartige Stücke exotischer Herkunft eine noch größere Bewunderung. In fürstlichen Sammlungen waren solche Objekte schon früh vorhanden.

Diese Vase ist offensichtlich von China nach Frankreich gelangt, dort aber beschnitten und mit einer Fassung versehen zu einem Potpourri umgestaltet worden. Zwischen Körper (untere Kürbiskugel) und Deckel (Schulterschnitt) fügte man eine Bronzezone mit oval ausgesparten Luftlöchern ein, durch die der Duft von Spezereien entweichen konnte. Zwei Henkel und ein Sockelgestell machten sie darüber hinaus zu einem prächtigen Schaustück, zu dem ein Pendant (in Privatbesitz) gehört. Die Fassung ist sehr elegant ausgeführt und lässt sich mit ihren langen, von floralen Elementen durchsetzten Muschelschwüngen dem temperamentvollen Stil des französischen Rokoko zuordnen. Man kann hier die Handschrift eines Thomas Germain, Jean-Claude Duplessis oder der Caffiéri vermuten. *ChK*

Gelbes Lackkabinett mit chinoisen Szenen und Vögeln aus dem Palazzo Graneri in Turin

Pietro Massa und Werkstatt (?)
Turin, um 1740/50
Konstruktionshölzer: Nussbaum und Pappel; Ölmalerei auf kaschierter Leinwand; Spiegel (teilweise ergänzt)
Raumgröße: H. 252 cm, B. 529 cm, T. 345 cm
Inv. Nr. W-1981,82

Turin, Hauptstadt des Königreichs Piemont und Residenz der vom spanischen Erbfolgekrieg begünstigten Savoyer, wurde im 18. Jahrhundert zu dem nach Venedig wichtigsten Zentrum der italienischen Lackmalerei.

Die hier vorgestellte lackierte Vertäfelung (Abb. S. 72 f.) stammt aus dem Ende des 17. Jahrhunderts in Turin erbauten Palazzo Graneri, der bereits in der ersten Hälfte des 18. Jahrhunderts Umbauten erfuhr, als ihn Carlo Gaspare Graneri bewohnte. Dieser ließ am Ende der Enfilade des herrschaftlichen Appartements hinter dem Schlafzimmer zwei kleine Kabinette mit chinoiser Lackkunst einrichten, die vermutlich dem Turiner Pietro Massa (nachweisbar 1721–1754) zuzuschreiben sind. Während das eine als Schreibkabinett diente (und noch heute an Ort und Stelle ist), wurde das jetzt in Berlin befindliche Kabinett als Ankleidezimmer genutzt. Betrat man es vom Schlafzimmer her, lag gleich rechts der verspiegelte Durchgang zum chinoisen Vorraum und zur Linken die Stirnwand mit dem Balkonaustritt zum Hof. Die zweite Tür auf der Zugangswand führte zu einer Kammer mit Abtritt, während sich hinter den beiden großen Türen der gegenüberliegenden Wand wie auch hinter den schlanken Türen in den Ecken Kleiderschränke befanden.

Das gesamte Kabinett hat einheitlich zitronengelbe Wandflächen, die der Malerei in kräftig bunten Farben ihren Hintergrund geben. Die große zentrale Bildtafel reicht bis auf den Boden und scheint dem Besucher einen unmittelbaren Austritt in die von Vögeln und Insekten bevölkerte Landschaft zu bieten. Die vier großen Türtafeln erzählen Episoden einer kriegerischen Geschichte, die offenbar im fernen China spielt. In diesen komplexeren Bildkompositionen wird ein Grundproblem der europäischen Chinamode deutlich: Der bemühte Verzicht auf typisch europäische Gestaltungselemente wie Zentralperspektive und Modellierung der Personen wird immer wieder durch erkennbar westliche Figurenkompositionen gebrochen.

Das Turiner Kabinett ist so in seiner Mischung aus freier Nachahmung und versuchter Anverwandlung der fernen Welt ein schönes Beispiel für die dekorative Kraft, die in der Symbiose europäischer und fernöstlicher Dekorationskunst liegt.

ASt

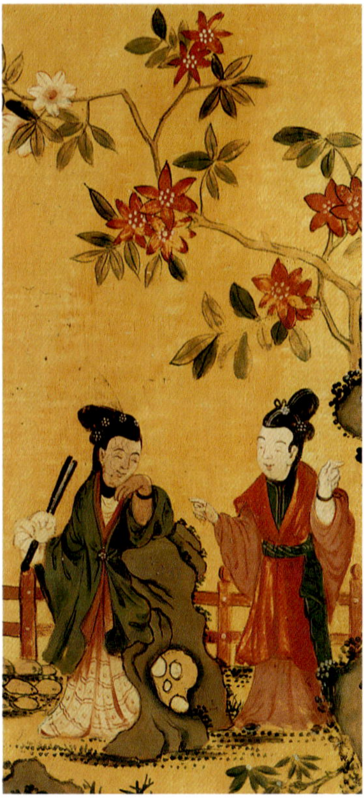

Detail: Gelbes Lackkabinett

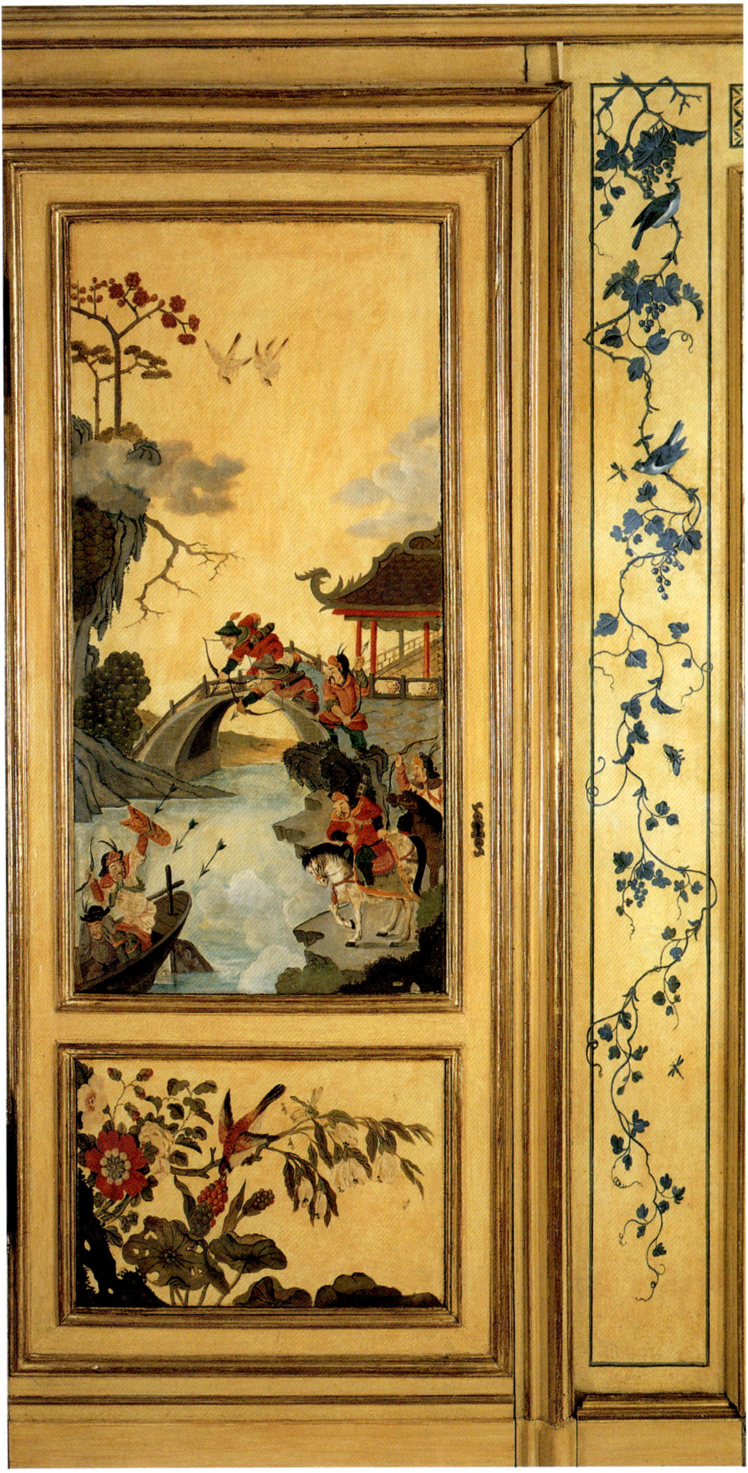

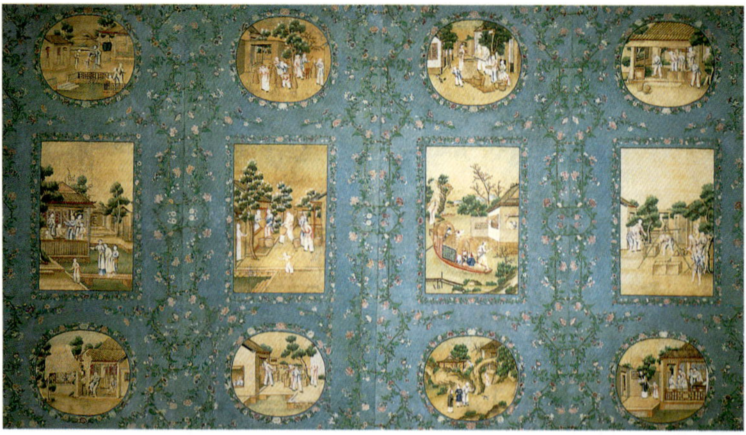

Neun Bahnen einer Bildtapete
China, um 1788
Papier, bemalt
Jeweils H. 270 cm, B. 90 bzw. 120 cm
Inv. Nr. W-1956,3

Neben der Herstellung kostbarer Leder- und luxuriöser Seidentapeten gewann im 18. Jahrhundert auch die Papiertapete an Bedeutung. Sie war flexibler zu handhaben, billiger herzustellen und der Produzent konnte sie mühelos über ein Druckverfahren vervielfältigen. England und Frankreich spielten dabei eine Vorreiterrolle. Auch die exotische Themenwelt wurde weiterhin einbezogen. Bereits seit dem 17. Jahrhundert konnte man Tapeten mit solchen Darstellungen auch direkt in China bestellen, doch die Chinesen selbst tapezierten ihre Räume nicht mit derartigen farbigen Papieren. Sie behängten ihre mit schlichtem Papier verkleideten Wände nur bei festlichem Anlass mit entsprechenden Rollbildern. Für Europa hingegen, wo reich ausgestattete Wände eine lange Tradition hatten, wurden nach Wunsch große Panoramatapeten oder lange Bahnen von Rolltapeten hergestellt.

Die hier gezeigte Tapete hatte ihre Vorläufer in den *print-room*-Tapeten des englischen Lord Cardigan (um 1750), die mit kleinen chinesischen Stichen beklebt waren. Über die Ostindische Kompanie konnte man solche »Medaillontapeten« im Faktoreihafen Kanton bestellen, die nach westlicher Art gleich auch eine gemalte Rahmung erhielten. Ab 1788 scheint auch der preußische Hof Tapeten mit chinesischen Stichen für die Schlösser in Bad Freienwalde und Rheinsberg gekauft zu haben. In ein vergleichbares Umfeld gehören auch diese Tapetenbilder. Die Bildmotive kopieren ältere Serien mit Darstellungen aus dem chinesischen Alltag. Die zarte pastellfarbene Blütenrahmung auf türkisgrünem Grund entspricht ganz dem sentimentalen Geschmack des ausgehenden Rokoko. *ChK*

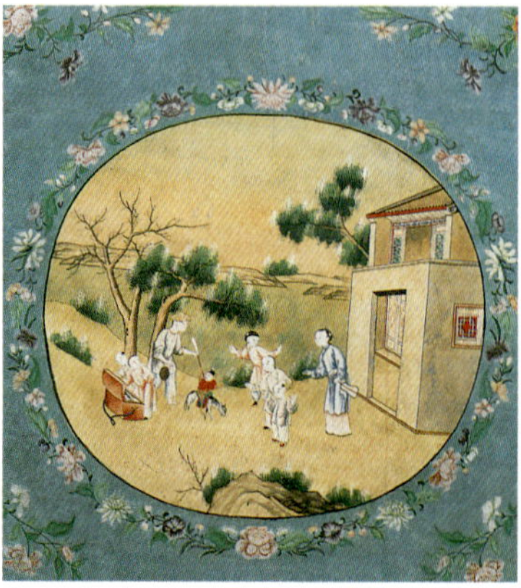

Detail: Ankunft eines Wandermagiers

Pultschreibschrank
(*Cantourgen*)
Mainz, um 1760
Konstruktionsholz: Linde, Nussbaum; Furniere: Nussbaum, Palisander und Rosenholz; Beschläge: Bronze, vergoldet; Schlösser: Eisen
H. 180 cm, B. 124 cm, T. 66 cm
Inv. Nr. 1887,671

Die bischöfliche und kurfürstliche Residenz Mainz war im 18. Jahrhundert ein Zentrum der Möbelkunst. Die Schreinerzunft hatte dort bereits früh (1735) den modernen Pultschreibschrank in das Repertoire der vorgeschriebenen Meisterstücke aufgenommen. In den Zunftakten sind Werkzeichnungen erhalten, die eine Zuschreibung dieses Schranks nach Mainz ermöglichen.

Mit dem weit gekehlten Pult wurde die Verbindung zwischen dem kommodenartigen Unterteil und dem schlanken Aufsatz elegant gelöst. Dies zeigt sich besonders im Verlauf der Kontur: Denn die schräg gestellten Lisenen verlaufen hier sphärisch gekrümmt, um den Anschluss zu den oberen Pilastern zu vollziehen.

Aufwändige Schreibmöbel waren häufig in den Schlafzimmern aufgestellt, die noch bis Ende des 18. Jahrhunderts als halboffizieller Empfangsraum dienten. *ASt*

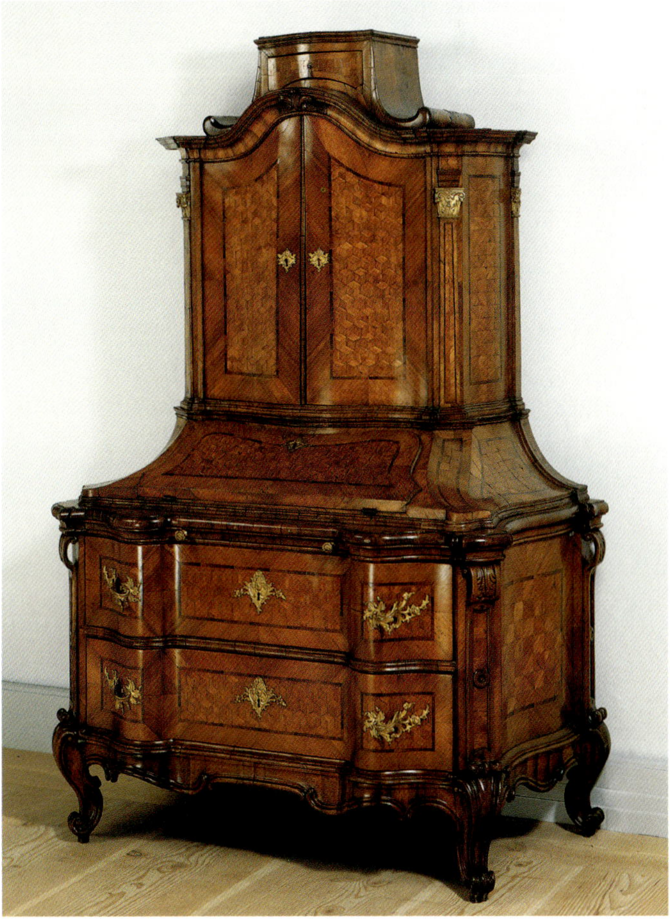

Kommode
Würzburg, um 1750
Konstruktionsholz: Kiefer; Furniere: Nussbaum, Padouk, Ahorn; Gravuren mit schwarzer Paste; Beschläge: Bronze, feuervergoldet (ergänzt?)
H. 81 cm, B. 105 cm, T. 65 cm
Inv. Nr. 1881,293

Die in der Front und ihren Seiten mit einem spannungsvollen Schwung geschweifte Kommode besitzt eine ungewöhnliche, gleichsam taillierte Kontur, die ihren optischen Schwerpunkt in einer Bauchung auf der Höhe des oberen Schubkastens trägt. Der bereits bei der Erwerbung 1881 auf der Kommode stehende Vitrinenaufsatz, mit dem das Möbel bekannt geworden ist, wurde jüngst als eine Ergänzung des 19. Jahrhunderts erkannt und entfernt. Die Gestaltung der Kommodenplatte zeigt, dass ursprünglich weder ein Aufsatz geplant noch vorhanden war.

Die Kommode des Berliner Kunstgewerbemuseums zeigt eine qualitätvolle Marketerie, die ihr einen wichtigen Platz unter den mainfränkischen Möbeln sichert. Die mit Rauten aus Nussbaum besetzten Füllungsspiegel werden von hellen Rocaillen gehalten, die mit Fabelwesen besetzt sind und schwarz gefüllte Gravuren tragen. Besonders deren charakteristische Formen zeigen die Nähe zu den Arbeiten des Würzburger Hoftischlers Carl Maximilian Mattern.

Als Möbeltyp ist die Kommode eine der wichtigsten Neuerungen der Innenraumausstattungen des 18. Jahrhunderts. Die französische *Commode* gelangte um 1725 nach Deutschland, wo dem Publikum die namensgebende Bequemlichkeit dieses Möbels zunächst noch anschaulich gemacht werden musste. Sie seien, so eine Berliner Annonce von 1727, »zur Commodität der vornehmen Damen Galanterie und bei der Hand nötigen Sachen zu gebrauchen.« Der Vorteil gegenüber Truhe und Kleiderschrank liegt auf der Hand und so ist weniger die rasche Verbreitung der Kommode als ihre große Wandelbarkeit bemerkenswert. Sie kann im Privaten an Stelle des Konsoltischs repräsentativ vor die Wand treten oder mit weiteren Funktionen kombiniert werden: dazu zählen der Tabernakel-, der Schreib- und schließlich der Vitrinenaufsatz. *ASt*

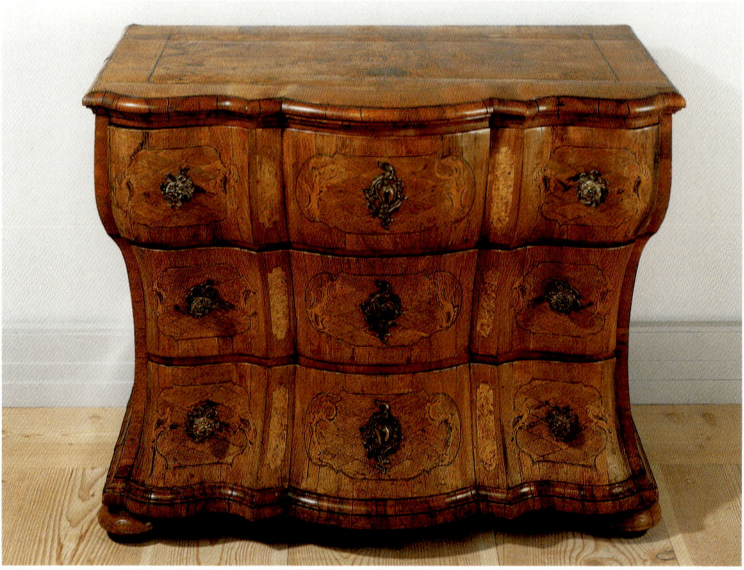

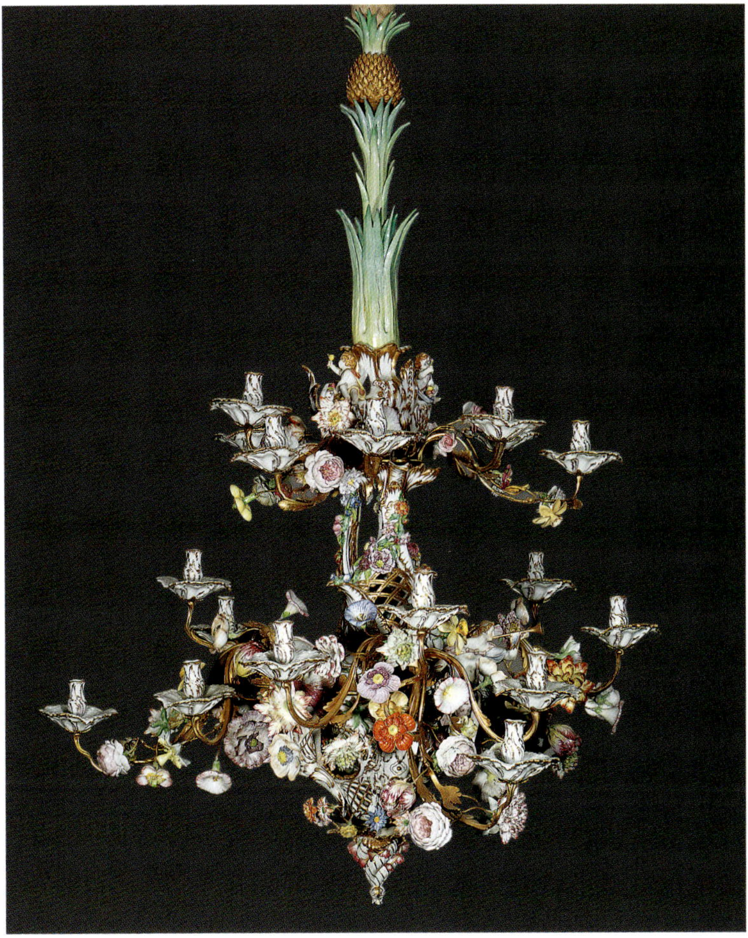

Großer Kronleuchter
KPM (Königliche Porzellanmanufaktur) Berlin, 1768 (Modell 111)
Porzellan mit Aufglasurmalerei; Bronze, vergoldet
H. 150 cm, Dm. 120 cm
Inv. Nr. 1906,199

Repräsentative Kronleuchter kennt man aus Metall und seit dem 17. Jahrhundert häufig auch behängt mit Bergkristall oder Glas. Kronleuchter aus Porzellan waren seltener. Das ausgestellte Stück hat die Form einer Schaftkrone. In zwei Etagen sind dreifach und vierfach gebündelte metallische Leuchterarme angeordnet, die mit Tüllen und Blüten aus Porzellan bestückt sind. Um den Schaft gruppieren sich ebenfalls vier Famafiguren und darüber vier Putten. Er endet in einem großen korbähnlichen Zapfen, während die Hängevorrichtung durch Palmenblätter und eine Ananas kaschiert wird. Die Bronzeteile wurden in der Werkstatt Melchior Kamblys hergestellt. König Friedrich II. gab 1768 eine Leuchterkrone nach diesem Modell in Auftrag, dem weitere folgten. Ähnlich wie bei den Porzellanservicen gingen mehrere Kronen als Geschenk an die verschwägerten Höfe, so nach Braunschweig, Ansbach oder Amalienburg. Einige sind dort noch heute nachweisbar. *ChK*

Teile aus dem Tafelservice für das Breslauer Stadtschloss
Friedrich Elias Meyer
KPM (Königliche Porzellanmanufaktur) Berlin, 1767/68
Porzellan mit Aufglasurmalerei
Größe der jetzigen Tafel: B. 660 cm, T. 150 cm
Inv. Nr. Hz 41-198

Das Arrangieren einer Festtafel unterlag bis zum 17. Jahrhundert einem strengen höfischen Zeremoniell. Den Anlässen entsprechend, wurden kleine spezielle Tafeln gedeckt. Man unterschied nach rituellen Festessen, intimen Feiern, Hauptgerichten und Desserts. Das 18. Jahrhundert brachte zwanglosere Formen der Geselligkeit

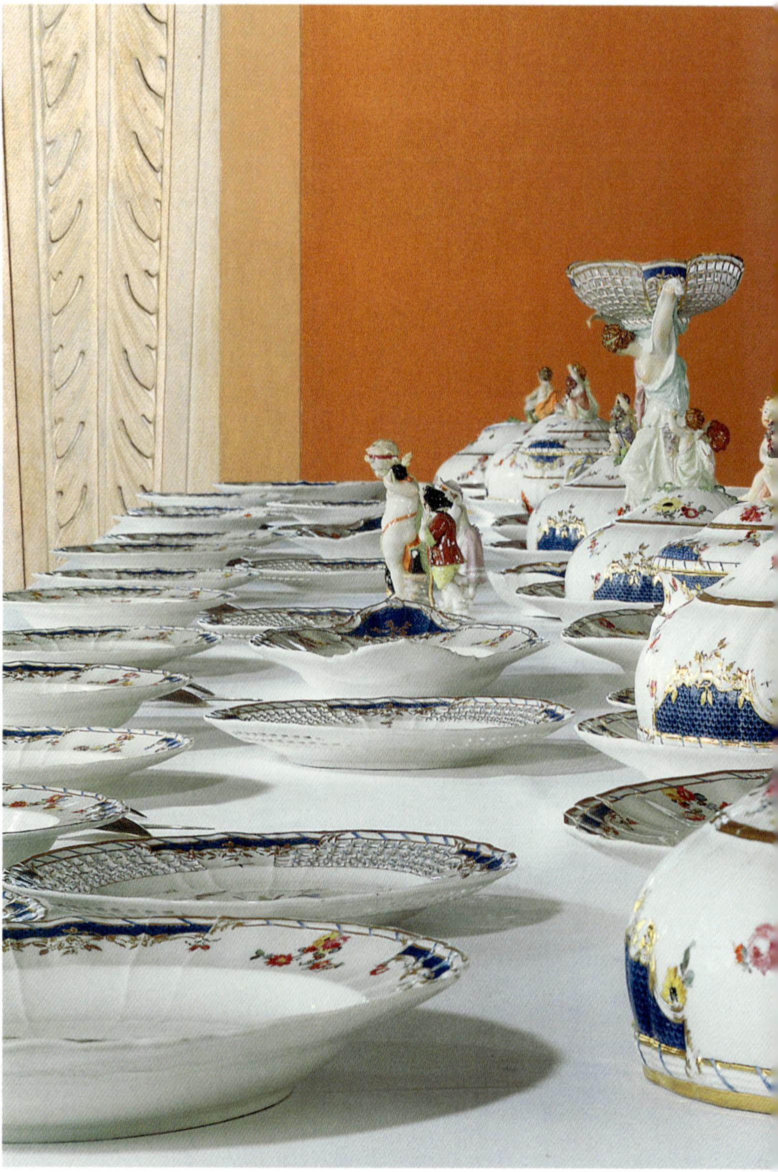

mit sich. Hinzu kam die Ablösung des schweren Silbers durch das feine weiße, mit leuchtenden Farben bemalte Porzellan, das auch hygienischer war. Tafelservice aus Porzellan gehörten bald zu den gefragtesten fürstlichen Bestellungen.

Die KPM Berlin erlebte erst unter Friedrich II. ab 1763 ihre Glanzzeit. Friedrich Elias Meyer (1723–1785), bis 1761 in Meißen unter Johann Joachim Kändler tätig, führte als künstlerischer Leiter der Berliner Manufaktur das friderizianische Porzellan zu seinem Höhepunkt. Das für das Breslauer Stadtschloss geschaffene Tafelservice zeigt erstmals das Dekorsystem »Antikzierat«. Stren-

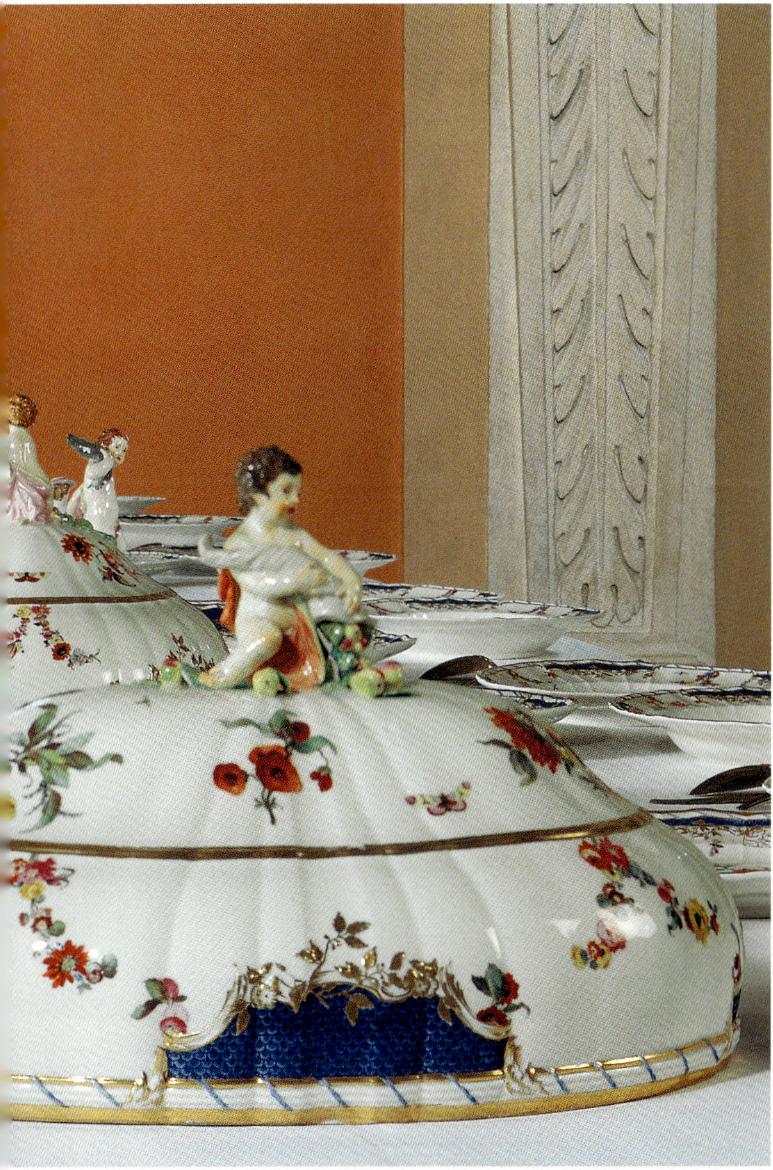

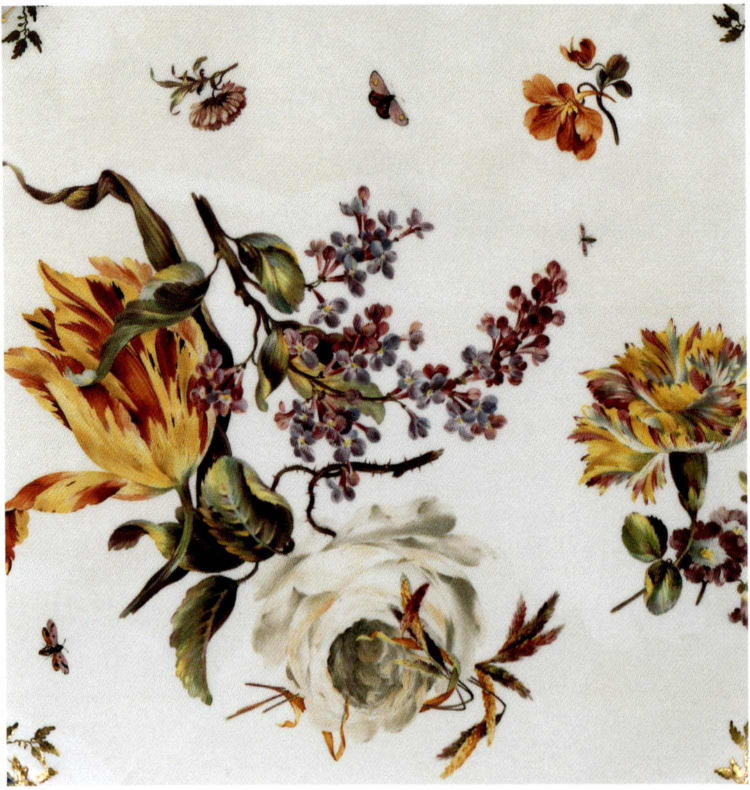

Detail: Blumendekor des Tafelservices aus dem Breslauer Stadtschloss

gere Kartuschenformen, gerade Grate sowie Ränder mit blau umwundenen Profilstäben lassen es klassischer erscheinen, als das Rokokomodell »Reliefzierat« des kurz zuvor entstandenen »1. Potsdamschen« Services. Zusammen mit dem Weiß des Scherbens und dem leuchtenden Blau der Zwickelpartien verleiht die phantasiereiche Blumenmalerei dem gesamten Service einen strahlend festlichen Charakter.

Es bestand aus 36 Gedecken, entsprechend dazu Schüsseln, Platten und Terrinen in drei verschiedenen Ausführungen. Die Wärmeglocken waren eine Eigenheit des preußischen Hofes. Fast 160 Teile des Geschirrs sind erhalten. Vom vielgestaltigen Mittelpunkt, dem *Plat de Ménage*, existiert allerdings nur noch der Zitronenkorb: eine antikisch gewandete Figur als Flora. *ChK*

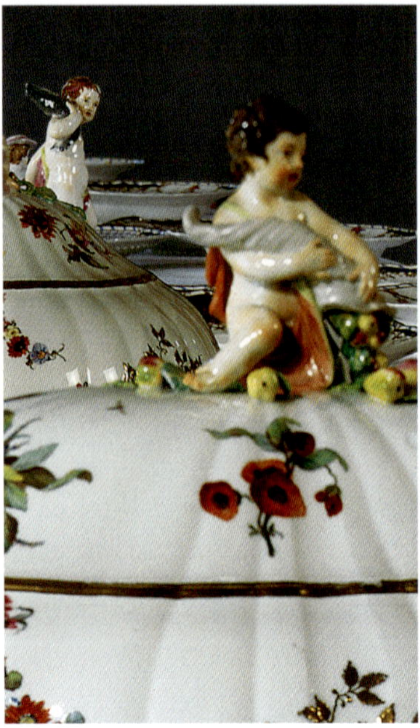

Detail: Wärmeglocke des Tafelservices

Deckelglas mit Wappenschnitt
Schlesien, um 1740/60
Farbloses Glas; Schliff, Schnitt, Teilvergoldung
H. (mit Deckel) 19,8 cm
Inv. Nr. W-1971,62 a,b

Die Darstellungen auf diesem Glas sind in drei Felder geteilt: auf der Schauseite ein ungedeutetes Doppelwappen, in den beiden anderen Feldern eine Wasserlandschaft und eine aufgesockelte Blumenvase. Gerahmt werden diese Motive von zeittypischen Fledermausflügeln und Muscheln (Rocaillen), an der Unterkante von einer Reliefpalmette. Das schlesische Iser- und Riesengebirge war seit dem ausgehenden 17. Jahrhundert Zentrum einer nicht höfisch gebundenen Glasveredelung. Charakteristisch sind schlanke, elegante Formen mit eingezogenem Kelchansatz, der die Silhouetten streckt. Neben niedrigen Fußbechern waren hochstielige Gläser und Konfektschalen beliebt, die mit miniaturhaft eingeschnittenen, von polierten Kugelungen durchsetzten Darstellungen dekoriert sind.

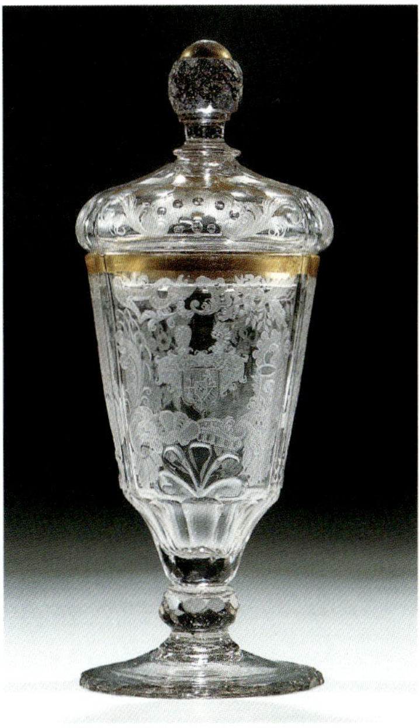

Ein solches Glas war das Gemeinschaftswerk von Glasbläser, Schleifer, Ornament- und Wappenschneider, Polierer und Vergolder. Die sparsame Vergoldung solcher Gläser setzte Akzente auf der gedeckten Tafel. *SN*

Pultschreibschrank
Martin Böhme (?)
Berlin, um 1740/50
Konstruktionshölzer: Fichte, Esche (Profile); Furniere: Nussbaum und Nussmaser, Ebenholz, Esche, Zeder, Buchsbaum, Ahorn, Elfenbein, graviert; Beschläge: Bronze, vergoldet
H. 235 cm, B. 123 cm, T. 66 cm
Inv. Nr. 1944,14

Mitte des 18. Jahrhunderts war die Entwicklung des hohen Pultschreibschranks abgeschlossen und der ursprünglich dreiteilige Aufbau aus Kommode, aufgesetztem Schreibpult und tabernakelartigem Aufsatz zu einer durchgehenden Gestaltung verschmolzen. Wesentlichen Anteil daran hatte der englische Einfluss, der in den Hansestädten, in Braunschweig, in Preußen und Sachsen noch deutlicher zu Tage trat als in Süddeutschland.

Dem englischem Vorbild entspricht der Aufsatz mit seinen zwei Türen, die an die Stelle der Kleinteiligkeit der Kabinettaufsätze mit einer Mitteltür und vielen Kästen getreten sind. Der starke Rücksprung in der Mittelachse des Unterteils erinnert an das »Knieloch«, das der Bequemlichkeit des Schreibenden diente. Gleichfalls englischen Ursprungs ist die Art des Dekors, marketierte Bildmedaillons von häufig hochovaler Form in die Füllungen zu hängen.

Auch wenn Braunschweig enge dynastischen Beziehungen zu England besaß und für seine gravierten Elfenbeineinlagen bekannt war, ist eine Berliner Herkunft des Möbels wahrscheinlich. Auch dorthin gab es direkte Kontakte, war doch die Mutter Friedrichs des Großen eine Tochter von Georg I.

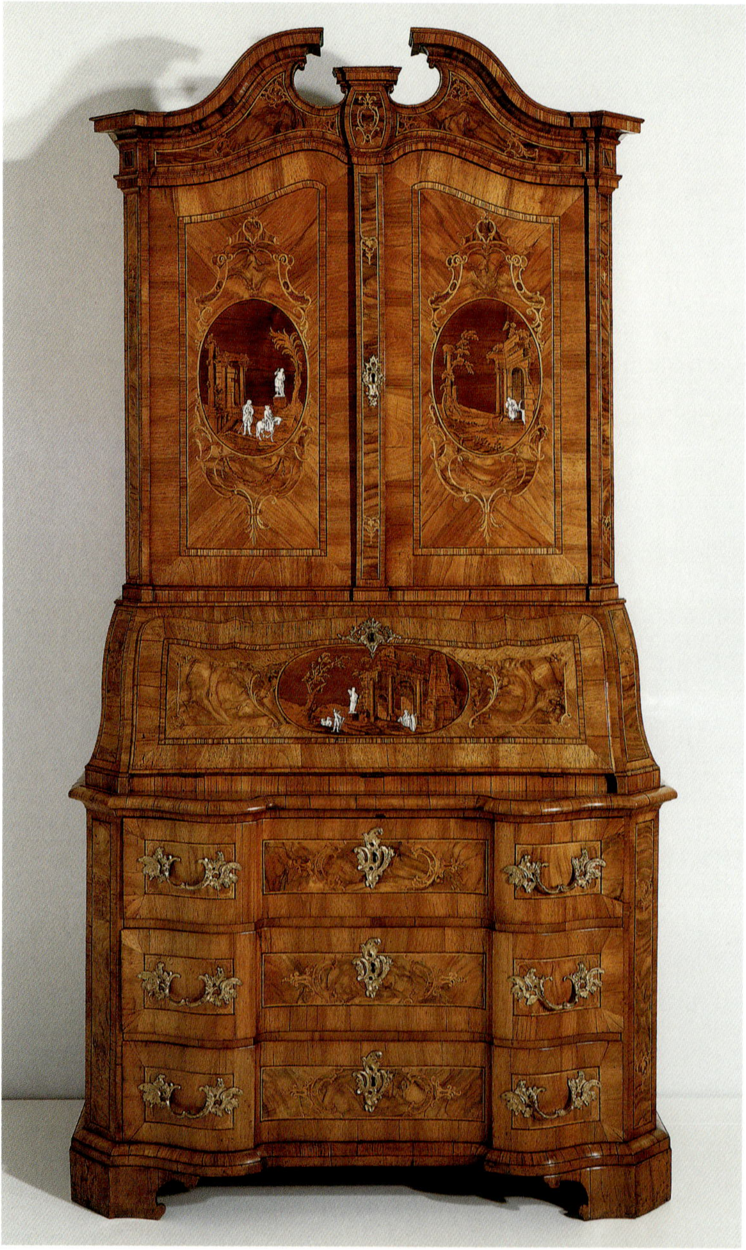

Typisch für Berlin ist die Auskleidung des Möbelinneren mit feinem Zedernrot. Für den Entwurf der ausgereiften Proportion und die hochwertige Ausführung kommt Martin Böhme in Betracht. Der Hoftischler der Königin Sophie Dorothee lieferte zwischen 1723 und 1750 mehrfach »Schreib-Biros« nach »englischem Geschmack«, die teilweise auch ganz in Zedernholz gearbeitet waren.
ASt

Schreibtisch (*Bureau Plat*) aus dem Neuen Palais in Potsdam

Johann Friedrich oder Heinrich Wilhelm Spindler
Potsdam, um 1765
Konstruktionshölzer: Eiche, Zeder;
Furniere: Rosenholz, Palisander, Amarant und andere Hölzer;
Beschläge: Bronze, vergoldet
H. 86 cm, B. 156 cm, T. 95 cm
Leihgabe der Stiftung Preußische Schlösser und Gärten Berlin-Brandenburg, Inv. Nr. IV 432

Die leicht schräg geneigte Platte bietet dem Benutzer einen besonderen Komfort und gibt dem frei im Raum aufgestellten Schreibtisch eine deutliche Schauseite. Der klassische Schreibtisch des absolutistischen Herrschers, das allseitig gearbeitete *Bureau Plat*, erfährt hier eine Neuinterpretation, die ein gutes Beispiel für die Eigenständigkeit des friderizianischen Rokoko gegenüber dem dominanten französischen Vorbild ist.

Es sind mehrere Exemplare dieses Schreibtischtyps bekannt, die alle für Friedrich den Großen entstanden und zur Ausstattung des Neuen Palais in Potsdam gehörten. Dort waren vor allem die Gebrüder Johann Friedrich und Heinrich Wilhelm Spindler (nachgewiesen 1764–1799) mit der Anfertigung der kostbarsten Schreibmöbel und Kommoden betraut und die Marketerie gehört zu ihren charakteristischen Arbeiten. Eigentümlich sind besonders die dicht gebundenen Blumenbouquets, deren Blüten aus farbenprächtig gefärbten Hölzern zusammengesetzt und minutiös graviert sind.

Die Innenarchitektur des Neuen Palais in Potsdam zeigt, wie sehr die Gestaltung des Schreibtischs zum Entwurf der gesamten Ausstattung gehörte und hierbei eine umfassende künstlerische Einheit gesucht wurde. In ihr treten Formen, Materialien und Farbigkeiten von Architektur und Mobiliar in ein komplexes Wechselspiel, das ein wichtiges Merkmal aller Raumkunst darstellt. *ASt*

Armlehnstuhl

Nachfolger des Johann August Nahl (?)
Potsdam, um 1765
Linde, geschnitzt; Kreidegrund mit Bolus, vergoldet (ergänzt);
Bezug: erneuert
H. 117 cm, B. 80 cm, T. 70 cm
Inv. Nr. W-1956,12

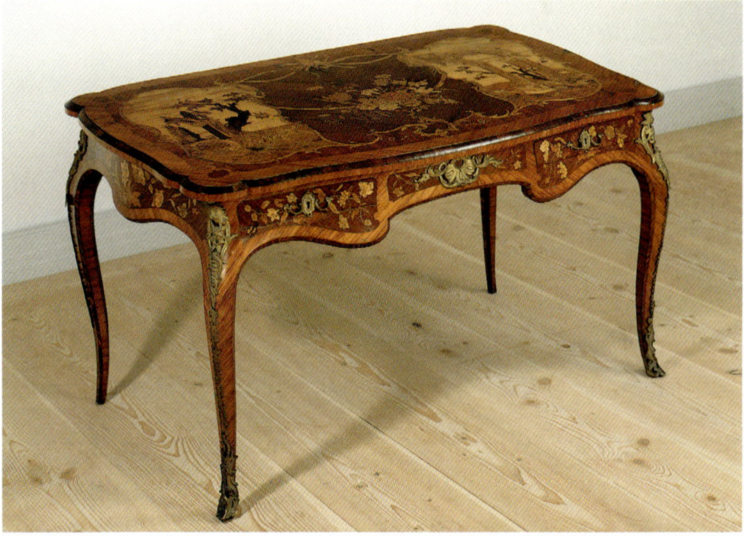

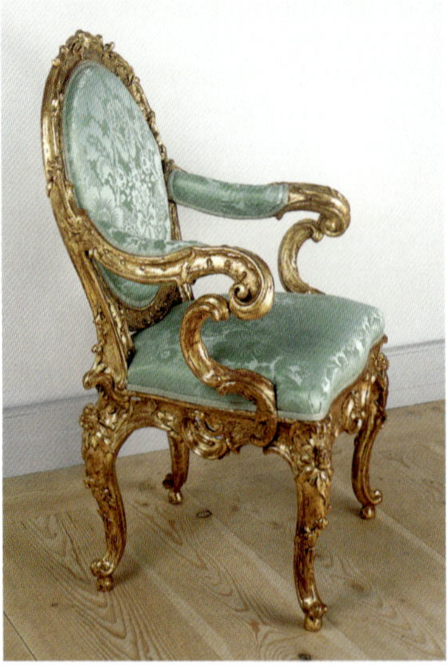

Johann August Nahl (1710–1785) war neben den Brüdern Johann Michael und Johann Christian Hoppenhaupt der bedeutendste Innenarchitekt und Dekorationsbildhauer der friderizianischen Zeit, der auch nach seinem Weggang aus Potsdam 1746 für die Ausführung von Sitzmöbeln von nachhaltigem Einfluss war.

Das hier gezeigte Modell zeichnet sich durch eine kräftige Formensprache aus: Das betrifft die kräftigen Beine mit dem einfachen S-Schwung, die massiv nach außen gewundenen Armlehnen und die Schnitzerei, deren Blätter sich deutlich vor dem Fond abzeichnen.

Der Stuhl ist auf die Vorderansicht hin konzipiert und gehörte zu einer wandbezogenen Garnitur von Sitzmöbeln. Nach der französisch geprägten Etikette war das Sitzen bei Hofe einem strengen Reglement unterworfen und Spiegel der gesellschaftlichen Hierarchie. Entsprechend wurden die Stühle in die Raumordnung und das Dekorationssystem einbezogen. Erst gegen Ende des 18. Jahrhunderts kam die englische Mode auf, die Sitzmöbel zur Geselligkeit in freien Gruppen im Raum zu arrangieren. *ASt*

Pfeilerspiegelpaar
Johann Michael oder Johann Christian Hoppenhaupt (?)
Berlin oder Potsdam, um 1760/1770
Eichenholz, geschnitzt, Kreidegrund und Bolus, vergoldet; Spiegelglas
Jeweils H. 298 cm, B. 82 cm
Inv. Nr. K 9539-9540

Hochformatige Pfeilerspiegel waren zur Zeit des Barock und Rokoko für die Rauminszenierung fast unverzichtbar. Paarweise oder als Galerie rhythmisierten Spiegel die Wandflächen und erweiterten die Innenräume optisch durch das reflektierte Licht. Die Höhe dieses Spiegelpaars weist auf einen Repräsentationsbau als ursprünglichen Bestimmungsort hin; ähnliche Spiegel haben sich auch in einigen Potsdamer Schlössern er-

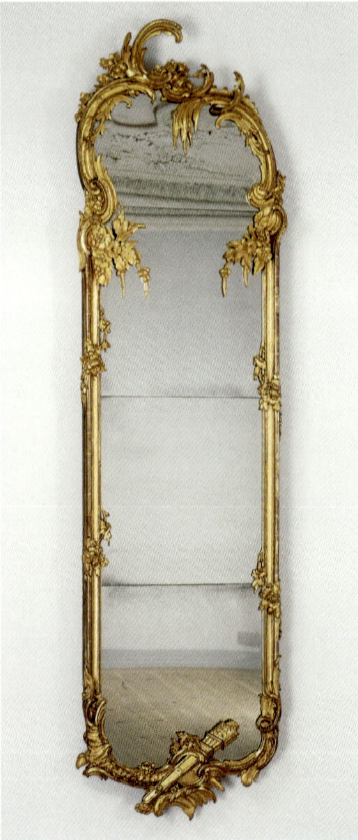

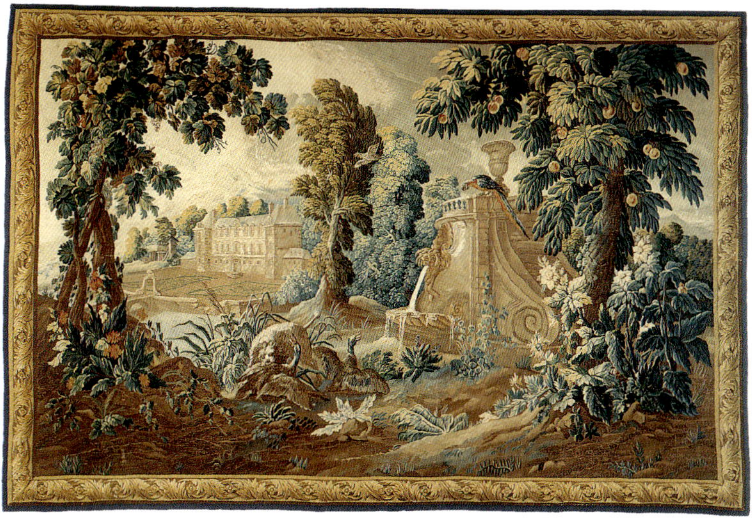

halten. Auffallend ist das Verhältnis der schmalen Rahmenleisten zu den asymmetrisch in die Spiegelzone ragenden vegetabilen Schnitzereien.

Aufgrund stilistischer Vergleiche kommen die Brüder Johann Michael (1709–1769) oder Johann Christian Hoppenhaupt (1719–1786) als Urheber in Betracht. Die beiden aus Merseburg stammenden Bildhauer und Dekorateure haben für verschiedene Hohenzollern-Schlösser gearbeitet, so für Sanssouci, das Neue Palais und das ehemalige Berliner Schloss. *WCo*

Bildteppich mit Parklandschaft
Aubusson (?), um 1760
Wirkerei in Wolle und Seide
H. 158 cm, B. 395 cm
Inv. Nr. W-1962,32

In einer durch Wolken und Baumschlag dramatisch akzentuierten Landschaft vollzieht sich im Vordergrund ein Drama der Natur: ein Jagdhund hat sich in eine Wildente verbissen, die noch zu entkommen sucht. Einer weiteren Ente an ihrer Seite gelingt die Flucht. Im Hintergrund ist ein typisches französisches Landschloss des 17. Jahrhunderts mit einem regelmäßig angelegten Garten zu sehen. Die umgebende Landschaft ist, an der Brunnenanlage erkennbar, ebenfalls von Menschenhand gestaltet. Der große, frei fliegende Papagei, ein Orangenbaum rechts und der übergroße Weinstock am linken Bildrand verleihen ihr allerdings phantastische Züge. Die originale Bordüre gibt einen vergoldeten geschnitzten Bilderrahmen vor.

Textilfärber genossen im 18. Jahrhundert in ganz Europa hohes Ansehen. Die Bildwirker vermochten ihren Darstellungen durch vielfältige Farbnuancen und feine Materialien stärkere räumliche Atmosphäre zu verleihen als zuvor. Räume konnten auf diese Weise durch Textilien ebenso illusionistisch erweitert werden wie durch Wand- und Deckenmalerei und später durch Papiertapeten.

Seit dem Jahre 1665 stand die französische Bildteppichweberei unter staatlicher Direktion. Neben den königlichen Manufakturen in der Hauptstadt Paris und in Beauvais spielten Betriebe in Aubusson in Zentralfrankreich eine Rolle. Hier dürfte auch der vorliegende Teppich entstanden sein. Womöglich geht sein Entwurf auf den Maler und Direktor der königlichen Manufaktur von Beauvais, Jean-Baptiste Oudry (1686–1755) zurück. *SN*

Literatur

Auswahl aus den Bestandskatalogen des Kunstgewerbemuseums

Band I

Arno Schönberger (Hrsg.), mehrere Autoren: Ausgewählte Werke, Berlin 1963, 1967², 1977³

Band IV

Franz Adrian Dreier (Hrsg.), mehrere Autoren: Europäisches Kunsthandwerk vom Mittelalter bis zur Gegenwart. Neuerwerbungen 1959–1969, Berlin 1970

Band V

Klaus Pechstein: Goldschmiedewerke der Renaissance, Berlin 1971

Band VIII

Tjark Hausmann: Alte Uhren, Berlin 1979

Band IX

Stefan Bursche: Meißen. Steinzeug und Porzellan des 18. Jahrhunderts, Berlin 1980

Band X

Staatliche Museen Preußischer Kulturbesitz (Hrsg.), mehrere Autoren: Kunstgewerbemuseum Berlin – Bildführer. Kunsthandwerk vom Mittelalter bis zur Gegenwart, Berlin 1985, 1989²

Band XIV

Barbara Mundt, Petra Krutisch u.a.: Schatzkästchen und Kabinettschrank. Möbel für Sammler, Berlin 1989

Band XX

Eva Mühlbächer: Europäische Stickereien vom Mittelalter bis zum Jugendstil, Berlin 1995

Band XXI

Christiane Keisch: Das große Silberbuffet aus dem Rittersaal des Berliner Schlosses, Berlin 1997

Führer, Ausstellungskataloge und Sonderpublikationen des Kunstgewerbemuseums

Staatliche Museen Preußischer Kulturbesitz (Hrsg.), mehrere Autoren: Die Brandenburgisch-Preußische Kunstkammer. Eine Auswahl aus den alten Beständen, Berlin 1981

Staatliche Museen zu Berlin (Hrsg.), mehrere Autoren: Kunstgewerbemuseum Berlin. Geschichte, Wiederaufbau, Neuerwerbungen, Berlin 1983

Kunstgewerbemuseum der Staatlichen Museen zu Berlin (Hrsg.), mehrere Autoren: Kunstgewerbemuseum Berlin. Führer durch die Sammlungen, Berlin 1988

Eva Mühlbächer: Europäische Lederarbeiten vom 14. bis 19. Jahrhundert aus den Sammlungen des Berliner Kunstgewerbemuseums, Berlin 1988

Stefan Bursche u.a.: Kunstgewerbemuseum Berlin, Braunschweig 1989 [westermann: museum 8/1989]

Bettina Zöller-Stock: Stühle. Sitzmöbel von der Renaissance bis zur Gegenwart aus dem Berliner Kunstgewerbemuseum, Berlin 1991

Gesine Schulz-Berlekamp: Stralsunder Fayencen 1755–1792, Berlin 1991

Julius-Lessing-Gesellschaft (Hrsg.), mehrere Autoren: Restaurieren – konservieren. Möbel, Goldschmiedekunst, Textil, Porzellan, Berlin 1996

Julius-Lessing-Gesellschaft (Hrsg.), mehrere Autoren: Glück, Leidenschaft und Verantwortung. Das Kunstgewerbemuseum und seine Privatsammler, Berlin 1996

Barbara Mundt, Lothar Lambacher (Redaktion), mehrere Autoren: Kunstgewerbemuseum Berlin, München, New York 1998 [Prestel-Museumsführer]

Julius-Lessing-Gesellschaft (Hrsg.), Barbara Mundt: Freunde und Förderer. Zwölf Jahre Julius-Lessing-Gesellschaft, Verein der Freunde des Kunstgewerbemuseums Berlin, Berlin 2000

Christiane Keisch, Susanne Netzer: »Herrliche Künste und Manufacturen«. Fayence, Glas und Tapisserien aus der Frühzeit Brandenburg-Preußens 1680–1720, Berlin 2001

Julius-Lessing-Gesellschaft (Hrsg.), mehrere Autoren: Fragen an ein Kunstwerk im Museum. Kolloquium für Barbara Mundt im Berliner Kunstgewerbemuseum, Berlin 2001/2002

Publikationen über Schloss Köpenick

Günter Schade: Schloss Köpenick. Ein Streifzug durch die Geschichte der Köpenicker Schlossinsel, Berlin 1964, 1966², 1974³

Gerhard Vinken: Die Schlosskirche in Berlin-Köpenick, München u.a. 2002 [DKV-Kunstführer 596]

Lothar Lambacher: Schloss Köpenick, Regensburg 2004 [Schnell & Steiner: Kleiner Kunstführer 2553]

Lothar Lambacher (Hrsg.), mehrere Autoren: Schloss Köpenick. Archäologie, Baugeschichte, Nutzung (erscheint voraussichtlich 2007)